FIDES | Treuhandgesellschaft KG

FIDES Treuhand GmbH & Co. KG
Wirtschaftsprüfungsgesellschaft
Steuerberatungsgesellschaft
Bibliothek 4. OG
Prüfung

Ralph Steinbrück
Praxisabgabe und Praxisnachfolge

Praxisabgabe und Praxisnachfolge

Ratgeber für eine erfolgreiche Praxisübertragung

von

Ralph Steinbrück

C.F. Müller
MedizinRecht.de

Bibliografische Information Der Deutschen Bibliothek
Die Deutsche Bibliothek verzeichnet diese Publikation in Der Deutschen Nationalbibliografie; detaillierte bibliografische Daten sind im Internet über <http://dnb.ddb.de> abrufbar.

ISBN 3-8114-3146-3

© 2006 C.F.Müller, Verlagsgruppe Hüthig Jehle Rehm GmbH, Heidelberg, München, Landsberg, Berlin und MedizinRecht.de Verlag, Heidelberg

Jede Verwertung außerhalb der engen Grenzen des Urheberrechtsgesetzes ist ohne Zustimmung des Verlages unzulässig und strafbar. Das gilt insbesondere für Vervielfältigungen, Übersetzungen, Mikroverfilmungen und die Einspeicherung und Bearbeitung in elektronischen Systemen.

www.cfmueller-verlag.de
www.medizinrecht.de
E-Mail: kundenservice@hjr-verlag.de

Satz: preXtension GbR, Grafrath
Druck und Bindung: Himmer, Augsburg

Printed in Germany

Inhaltsverzeichnis

A Einführung 1
B Problem Praxisabgabe und Praxisnachfolge 3
   I   Problemstellung 3
       1 Grund der Praxisabgabe 3
       2 Zeitrahmen der Praxisabgabe 4
       3 Unterschiedliche Gestaltung der Praxisabgabe 6
       4 Vor- und Nachteile einer Praxisübernahme 6
   II Planung und Organisation der Praxisabgabe 7
   III Nachfolger/Praxissuche 8
       1 Zeitrahmen 8
       2 Konkrete Suche 9
       3 Medizinische Versorgungszentren als Nachfolger . 9
       4 Weitere Chancen durch das GMG 2004? 13
C Ermittlung des Praxiswertes 19
   I   Allgemeines 19
   II Die Ärztekammer-Methode 20
       1 Ermittlung des materiellen Praxiswertes 21
       2 Ermittlung des ideellen Praxiswertes 21
       3 Wertmindernde und werterhöhende Merkmale ... 24
   II Betriebswirtschaftliche Bewertungsmethoden 26
       1 Ertragswertverfahren 26
       2 Kombinationsmethoden 28
       3 Methodendiskussion 29
       4 Gutachten oder Eigenbewertung nach Marktlage? . 31

Inhaltsverzeichnis

D Praxisübernahmevertrag, Übergangskooperation und Vertrag über die Übernahme eines Anteils an einer Gemeinschaftspraxis 37

I Praxisübernahmevertrag 37
   1 Rechtsnatur und Formvorschriften 37
   2 Vertragsgegenstand 38
   3 Kaufpreis 41
   4 Gewährleistungsrechte 44
   5 Übergabe der Patientenkartei bzw. EDV-Datei 46
   6 Übertragung des Mietvertrages 48
   7 Übernahme des Personals 50
   8 Sonstige laufende Verträge 52
   9 Honorarforderungen/Verbindlichkeiten/Rechnungsabgrenzungen 52
   10 Konkurrenzschutzklausel/Wettbewerbsverbot 53
   11 Vertragsstrafe 56
   12 Schiedsgerichtsklausel/Schlichtungs- oder Mediationsklausel 57
   13 Zustimmung des Ehepartners (§ 1365 BGB) 58
   14 Genehmigungserfordernisse 59

II Alternative: Gründung einer Übergangskooperation? . 59

III Vertrag über die Übernahme eines Anteils an einer Gemeinschaftspraxis 60
   1 Rechtsnatur 60
   2 Form 61
   3 Übernahme durch verbleibenden Gesellschafter oder Gesellschafterwechsel 61
   4 Rechtsfolgen 61
   5 Haftung für Altverbindlichkeiten 62
   6 Anzeige- und Genehmigungspflichten 63

E Nachbesetzungsverfahren und sonstige Möglichkeiten der vertragsärztlichen Zulassung 65

I Nachbesetzungsverfahren 65
   1 Gebiete ohne Zulassungsbeschränkungen („nicht gesperrte Gebiete") 65
   2 Gebiete mit Überversorgung („gesperrte Gebiete") 66

    3 Nachbesetzungsverfahren zu Gunsten eines
      ärztlichen Nachfolgers 68
    4 Nachbesetzungsverfahren nach §103 Abs. 4a SGB V
      zu Gunsten von Medizinischen Versorgungs-
      zentren 69
    5 Begriff der „Praxis" in §103 Abs. 4, 4a und
      5 SGB V 72
    6 Zulassungsverzicht und Ausschreibung des
      Vertragsarztsitzes durch den Praxisinhaber oder
      seine Erben 73
    7 Auswahlkriterien 75
    8 Verkehrswert der Praxis 78
    9 Abhängigkeit der Zulassung vom Abschluss eines
      Übergabevertrages? 80
   10 Verlegung des Vertragsarztsitzes 81
   11 Probleme mit Mitbewerbern 82
   12 Nachbesetzungsverfahren: Besonderheiten bei
      Gemeinschaftspraxis 84
   13 Nachbesetzungsverfahren: Besonderheiten beim
      Medizinischen Versorgungszentrum 89
   14 Nachbesetzungsverfahren: Besonderheiten bei
      Praxisgemeinschaft 90

  II Sonstige Fragen der vertragsärztlichen Zulassung 91
    1 Altersgrenze 68 Jahre 91
    2 Altersgrenze 55 Jahre 93
    3 Zulassung im Rahmen des sog. Job-Sharing 93
    4 Anstellung von Ärzten (früher: „Dauerassistent") . 95
    5 Qualifizierter Sonderbedarf 96
    6 Außerordentliche Belegarztzulassung 96

F Steuerliche Fragen 99

  I Seit 01.01.2001 neue Rechtslage 99

  II Veräußerungsgewinn 99
    1 Freibetrag 99
    2 Ermäßigter (tarifbegünstigter) Steuersatz 100
    3 Mindeststeuersatz 101
    4 Wahlrecht 101
    5 Ermittlung des Veräußerungs- bzw.
      Aufgabegewinns 101

	6	Problem: Weiterbetreuung von Privatpatienten 103
	7	Sonderfall: Veräußerungsgewinn bei Ratenzahlung bzw. Verrentung des Kaufpreises 104
	8	Sonderfall: „Praxis im eigenen Haus" bzw. „eigene Praxisimmobilie" 105
III	Laufender Gewinn im Abgabejahr 106	
IV	Unentgeltliche Abgabe 107	
V	Veräußerungsgewinn bei Gesellschaftsanteil an Gemeinschaftspraxis 107	
	1	Entsprechende Anwendung 107
	2	Ende des sog. Zwei-Stufen-Modells ab 01.01.2002? 108

G Ausblick 109

H Einschlägige Gesetzestexte 113

Abkürzungsverzeichnis 163

Literaturverzeichnis 165

Autor 167

A Einführung

Seit vielen Jahren sind Ärzte daran interessiert, bestehende Arztpraxen zu übernehmen. Praxisneugründungen sind dagegen immer seltener geworden, und zwar im Wesentlichen wegen der durch das Gesundheitsstrukturgesetz (GSG 1993) seit dem 1.10.1993 stark eingeschränkten Zulassungsmöglichkeiten in sog. überversorgten Gebieten. Auch das aufgrund der schwierigen Honorarsituation im Bereich der Gesetzlichen Krankenversicherung (GKV) gestiegene wirtschaftliche Risiko spielt hierbei eine wesentliche Rolle. Hinzu kommen das Inkrafttreten des neuen EBM 2005 am 1.4.2005 und die Einführung der Regelleistungsvolumina mutmaßlich zum 1.1.2006, was jüngere niederlassungswillige Ärzte zusätzlich verunsichert.

Nach wie vor gilt: Eine Praxisübernahme ermöglicht in der Regel im Vergleich zu einer Praxisneugründung eine deutlich verkürzte Anlaufzeit und erhöht die Chance, auch in einem schwierig gewordenen gesundheitspolitischen und wirtschaftlichen Umfeld zu reüssieren. Der Praxisübernehmer nutzt die Wertschätzung der bestehenden Praxis, den vorhandenen Patientenstamm sowie die eingespielte Praxisorganisation. Für den Praxisabgeber ist von Vorteil, dass die letzte Gesundheitsreform, d.h. das GKV-Modernisierungsgesetz (GMG 2004) zum 1.1.2004 und die hierdurch geschaffenen neuen Versorgungsstrukturen, insbesondere die Medizinischen Versorgungszentren, zu einer spürbaren Wiederbelebung der Nachfrage nach Vertragsarztsitzen geführt hat. Dies wirkt sich durchaus auch positiv auf die für Praxen erzielbaren Kaufpreise aus.

Bei einer Praxisübernahme handelt es sich um eine weitreichende Entscheidung, die in mehrfacher Hinsicht sorgfältig geplant und

A Einführung

vorbereitet werden muss. Dies gilt nicht nur für den Praxisübernehmer, sondern auch für den Praxisabgeber. Ein reibungsloser Ablauf der Praxisabgabe und -übernahme gelingt zumeist nur dann, wenn dies frühzeitig geplant, sorgfältig organisiert und in einzelnen Schritten konsequent umgesetzt wird. Das vorliegende Buch richtet sich vor allem an den Praxisabgeber und enthält u. a. auch wertvolle Tipps aus der langjährigen Beratungspraxis des Autors. Aber auch die Interessen des Praxisübernehmers werden umfassend berücksichtigt.

Das Buch soll eine Hilfe geben, die rechtlichen, wirtschaftlichen und steuerlichen Probleme zu erkennen, die bei der Praxisabgabe und -übernahme gelöst werden müssen. Es erhebt dabei nicht den Anspruch auf wissenschaftliche Gründlichkeit und Vollständigkeit, sondern legt den Schwerpunkt auf praktische Fragen und Antworten. Potentiellen Praxisabgebern und -erwerbern soll ein schneller und übersichtlicher Leitfaden an die Hand gegeben werden, der zeigt, auf welche Probleme in der Praxis besonders zu achten ist und wie man sie gegebenenfalls lösen kann. Das Buch ist aber keine Anleitung zur Selbsthilfe: Da jeder Fall individuell zu sehen ist und anders liegt, sollte ein solches Projekt grundsätzlich nicht ohne sachkundigen juristischen Beistand, insbesondere einen auf Medizinrecht spezialisierten Rechtsanwalt und ggf. auch steuerliche und wirtschaftliche Berater durchgeführt werden. Andernfalls sind bittere Erfahrungen und sogar völlige Fehlschläge nicht ausgeschlossen.

B Problem Praxisabgabe und Praxisnachfolge

I Problemstellung
1 Grund der Praxisabgabe
a) Übliche Gründe für eine Praxisabgabe

Die allgemein üblichen Gründe für eine Praxisabgabe sind der freiwillige Verzicht wegen neuer Lebensplanung, der freiwillige Verzicht und (seit 1.1.2004 möglich) die Anstellung in einem MVZ, das Erreichen der (seit dem 1. 1. 1999 geltenden) Altersgrenze von 68 Jahren, die Berufsunfähigkeit des Praxisinhabers, der Tod des Praxisinhabers und die Veräußerung durch den oder die Erben und schließlich die Zulassungsentziehung, ein eher seltener Fall.

b) Zivilrechtliche Verpflichtung zum Verzicht auf die Ausschreibung („Stilllegeprämie")

In der Praxis kam es früher gelegentlich vor, dass ein niedergelassener Vertragsarzt oder eine finanzkräftige Gemeinschaftspraxis einen aus der vertragsärztlichen Versorgung ausscheidenden Kollegen im Falle des Bekanntwerdens der Veräußerungsabsicht gegen Zahlung eines Ausgleichs dazu bewegt haben, den Vertragsarztsitz nicht zugunsten eines Nachfolgers ausschreiben zu lassen. Damit wurde die Niederlassung eines jungen Arztes, das heißt eines Konkurrenten verhindert.[1]

Diese Fälle sind jedoch in den letzten Jahren immer seltener geworden. Heute sind die konkurrierenden Ärzte in der Regel gleich an

---
1 Klapp, Abgabe und Übernahme einer Arztpraxis, 1.2.1.

der Übernahme des Vertragsarztsitzes interessiert, um mit einem neuen Kollegen eine Kooperation einzugehen. Dennoch: Eine vertragliche Vereinbarung über die Zahlung einer „Stilllegeprämie" zwischen Vertragsärzten ist wider Erwarten rechtlich zulässig und nicht etwa sittenwidrig und nichtig!

2 Zeitrahmen der Praxisabgabe

a) Ein ganzes Jahr!

Zwischen dem Entschluss zur Praxisabgabe und Veräußerung der Praxis sollten wenn möglich mindestens zwölf Monate[2], sicherheitshalber sogar zwei Jahre, liegen, um eine optimale Planung, Organisation und Umsetzung durchführen zu können. Wie auch beim Verkauf einer Immobilie ist es immer nachteilig, wenn ein solches Projekt „auf die Schnelle" durchgeführt werden muss.

Tipp:

Für eine optimale Vorbereitung und Abwicklung der Praxisabgabe mindestens ein ganzes Jahr einplanen!

Sollte sich der Standort der Praxis in einem wegen Überversorgung gesperrten Gebiet befinden, werden allein aufgrund des gesetzlich vorgeschriebenen Nachbesetzungsverfahrens im Zusammenhang mit der vertragsärztlichen Zulassung (§ 103 Abs. 4 und 4a SGB V) in der Regel mindestens drei bis sechs Monate vergehen.[3] Auch deswegen ist eine frühzeitige Planung wichtig.

Praxisabgabe/ -übernahme Zeitrahmen > 1 Jahr	
Monat 1	**Analyse mit fachkundigen Beratern,** d.h. Rechtsanwalt, Steuerberater, ggf. Finanzberater bzw. Bank!
Monat 2 – 3	**Kaufpreisermittlung/ Praxisbewertung** ggf. Sachverständiger!

---

2 Preißler in: Ehlers, a.a.O, Rdnr. 77
3 Preißler, a.a.O., Rdnr. 76 spricht von mindestens fünf Monaten

I Problemstellung

Praxisabgabe/ -übernahme Zeitrahmen > 1 Jahr	
Monat 4 – 6	**Nachfolgersuche** Ärztlicher Vertreter? Ärztlicher Verwandter/ Bekannter? Inserate! Praxisbörsen! Praxismakler!
Monat 7 – 9	**Praxiskaufvertrag/ Verhandlungen und Abschluss** Rechtliche Gestaltung! Steuerliche Gestaltung! Finanzielle Gestaltung!
Monat 10 – 12	Zulassungs-/ Nachbesetzungsverfahren
Monat 12	Praxisübergabe und Zahlung des Kaufpreises

b) „Witwenvierteljahr"

Besonders schwierig ist die Veräußerung der Praxis für die Erben im Todesfall des Inhabers wegen des sog. Gnadenvierteljahres („Witwenvierteljahr", § 20 Abs. 3 MBO-Ä). Nach dem Tod des Arztes verbleibt den Erben nämlich in der Regel nur ein Vierteljahr für die Veräußerung! Die Praxis muss in dieser Übergangszeit durch einen anderen Arzt (sog. Praxisverweser, ähnlich einem Vertreter)[4] geführt werden. Gelingt dies also nicht oder nicht sehr schnell nach dem Ableben des Inhabers, besteht die konkrete Gefahr der Patientenabwanderung.[5]

Tipp:

Bei Tod des Praxisinhabers sofort „Praxisverweser" (Vertreter) installieren und mit der Nachfolgersuche beginnen!

Übrigens: Ein Rechtsanspruch der Erben auf das Gnadenvierteljahr besteht nicht.[6] Die Erlaubnis wird aber – je nach gängiger, aber zum Teil unterschiedlicher Praxis der Kassenärztlichen Vereinigungen – meistens erteilt, in begründeten Ausnahmefällen auch für ein weiteres, d. h. zweites Vierteljahr. Hierbei ist man aber von dem Wohl-

---

4 Rieger, Rechtsfragen beim Verkauf und Erwerb einer Arztpraxis, Rdnr. 192; Klapp, a.a.O., 11.; Kamps, NJW 1995, 2384
5 Klapp, a.a.O., 4.1.3.2
6 Klapp, a.a.O., 1.2.1

wollen der betreffenden Entscheidungsträger abhängig, verlassen kann man sich darauf nicht.

Tipp:
> Bei Tod des Praxisinhabers sofort bei der zuständigen Kassenärztlichen Vereinigung erkundigen, wie das „Gnadenvierteljahr" gehandhabt wird, ggf. rechtzeitig Verlängerung beantragen!

3 Unterschiedliche Gestaltung der Praxisabgabe

Die Praxisabgabe/-übernahme gestaltet sich unterschiedlich, je nachdem ob eine Einzelpraxis, Gemeinschaftspraxis oder Praxisgemeinschaft vorliegt. Hieraus ergibt sich ein spezieller Vertrags-, Beratungs- und Gestaltungsbedarf für den jeweiligen Einzelfall, der nur von auf Medizinrecht spezialisierten Rechtsanwälten erfüllt werden kann. Selbst der ansonsten bewährte und langjährige „Hausanwalt" ist hierbei in der Regel überfordert.

Tipp:
> Bei Praxis- oder Gemeinschaftspraxisanteilsveräußerung immer einen auf Medizinrecht spezialisierten Rechtsanwalt einschalten!

4 Vor- und Nachteile einer Praxisübernahme

Aus den beiden folgenden Übersichten gehen die Vor- und Nachteile einer Praxisübernahme im Verhältnis zu einer Praxisgründung deutlich hervor. Zentrales Thema ist dabei die Tatsache, dass der niederlassungswillige Arzt in gesperrten Planungsbereichen nur über eine Praxisübernahme an eine vertragsärztliche Zulassung mit Vertragsarztsitz gelangen kann, und deswegen auf die Übernahme einer bestehenden Praxis angewiesen ist. Eine Neugründung scheidet hier von vornherein aus.

Neugründung einer Praxis	
Vorteile	Nachteile
1. Einfluss auf Standort	1. lange Anlaufphase (3 bis 5 Jahre)
2. eigenes Raumkonzept	2. fehlender Patientenstamm
3. eigene Praxisorganisation	3. fehlende Praxisorganisation
4. eigenes Personal	4. fehlendes Personal
5. eigenes Leistungs- und Behandlungsspektrum	5. „schwerere" Finanzierung
6. eigene „Praxisphilosophie"	6. hohes Unternehmerrisiko
	7. fehlende Vertragsarztzulassung in „gesperrten" Planungsbereichen!

Übernahme einer Praxis	
Vorteile	Nachteile
1. kurze Anlaufphase (1 Jahr)	1. kein Einfluss auf Standort
2. bestehender Patientenstamm	2. fremdes Raumkonzept
3. bestehende Praxisorganisation	3. fremde Praxisorganisation
4. vorhandenes Personal	4. fremdes Personal
5. „leichtere" Finanzierung	5. fremdes Leistungs- und Behandlungsspektrum
6. geringeres Unternehmerrisiko	6. fremde „Praxisphilosophie"
7. „Übernahme" der Vertragsarztzulassung in gesperrten Planungsbereichen!	

II Planung und Organisation der Praxisabgabe

Unmittelbar nach dem Entschluss zur Praxisabgabe bzw. Praxisübernahme sollten von beiden Seiten oder zumindest vom Veräußerer die maßgeblichen Berater, das heißt der schon erwähnte spezialisierte Rechtsanwalt, ggf. auch der Steuer- und ein Finanzberater sowie ein für die Bewertung von Arztpraxen öffentlich bestellter und vereidigter Sachverständiger zur Praxisbewertung hinzugezogen werden, beim Erwerber zusätzlich die für die Finanzierung in Betracht kommende Bank. Dies hat den Vorteil, dass von Anfang an sachkundiger Rat zur Verfügung steht und strategisch geplant, organisiert und umgesetzt werden kann. Da solche spezialisierten und qualifizierten Berater in der Regel zeitlich überlastet sind, hat die frühe Einschaltung den Vorteil entsprechender zeitlicher Reserven.

Vor der leider immer noch häufig anzutreffenden Praxis, aus falsch verstandenem Sparwillen heraus alles selbst machen zu wollen, insbesondere alte Vertragsvorlagen ohne spezialisierten anwaltlichen und steuerlichen Rat zu verwenden ist dringend abzuraten. Es ist in jedem Einzelfall notwendig, individuelle Lösungen zu erarbeiten, um spätere kostspielige Auseinandersetzungen zu vermeiden.

Tipp:

Besser vorher EUR 2.500,-- bis EUR 5.000,-- an Beraterkosten, als später beim Rechtsstreit zwischen Praxisabgeber und -übernehmer EUR 25.000,-- bis EUR 50.000,-- an Prozesskosten – und ein verlorener Prozess!

III Nachfolger/Praxissuche

1 Zeitrahmen

Der bereits angesprochene Zeitrahmen von einem bis zwei Jahren ist wichtiger als allgemein angenommen:[7] Der Nachfolger muss gesucht werden. Nicht selten kommen verschiedene Bewerber in Betracht. Mit diesen Bewerbern muss im einzelnen verhandelt werden. Dies kostet Zeit. Bewerber kommen und gehen, zögern, springen manchmal kurz vor Vertragsabschluss wieder ab, und die Nachfolgersuche muss von Neuem beginnen.

---

7 Preißler in: Ehlers, a.a.O., Rdnr.77

Der Betreffende muss für die zu übernehmenden Patienten fachlich und persönlich geeignet sein, es muss eine Einigung über den Kaufpreis erzielt werden, ebenso über die genauen Übergabemodalitäten, etc. All dies muss neben der üblichen Tagesarbeit bewältigt und kann aus familiären Gründen oft nicht in die Freizeit hineinverlegt werden.

2 Konkrete Suche

An Möglichkeiten stehen hier zur Verfügung:[8] der ärztliche Vertreter, der ärztliche Verwandte oder Bekannte (z. B. Kinder von befreundeten Kollegen), Inserate in den Publikationen der ärztlichen Standesorganisationen (z. B. Deutsches Ärzteblatt, jeweiliges Landesärzteblatt, regionale Ärzteblätter), die Wartelisten der Kassenärztlichen Vereinigungen, Praxisbörsen verschiedener privater Anbieter, auch über das Internet (z. B. von Banken, Wirtschaftsdiensten) und auch private Praxismakler. Bei letzteren fällt in der Regel eine Provision zu Lasten des Praxisübernehmers von 3 % des Kaufpreises zuzüglich Mehrwertsteuer an, zum Teil auch mehr. Makler, die mehr als 3 % Provision verlangen, sind im allgemeinen unseriös, erst Recht solche, die zusätzlich noch eine Provision von 1 % bis 3 % vom Veräußerer realisieren wollen (sog. Innenprovision). Solche „Angebote" sollte man als Praxisabgeber rigoros ablehnen.

Tipp:

In der Praxis hat es sich bewährt, parallel mehrere Wege der Nachfolgersuche zu benutzen, um die Chance auf einen „Treffer" zu erhöhen.

3 Medizinische Versorgungszentren als Nachfolger

Seit dem Inkrafttreten des GMG 2004 am 1.1.2004 sind neben zugelassenen Ärzten, Zahnärzten, Psychotherapeuten, ermächtigten Ärzten und ermächtigten ärztlich geleiteten Einrichtungen künftig

---

8 Klapp, a.a.O., 2.4

auch sog. medizinische Versorgungszentren zur vertragsärztlichen Versorgung zugelassen (§ 95 Abs. 1 SGB V).[9]

a) Definition, Voraussetzungen und Gründung

Medizinische Versorgungszentren (MVZ) sind fachübergreifende, ärztlich geleitete Einrichtungen, in denen in das Arztregister eingetragene Ärzte als Angestellte oder Vertragsärzte tätig sind. Die Zulassung wird nicht den in dem MVZ tätigen Ärzten, sondern dem Versorgungszentrum als solchem erteilt. Zuständig ist auch hier der Zulassungsausschuss. Aus dem Merkmal „fachübergreifend" ergibt sich, dass sich mindestens zwei Ärzte verschiedener Fachgruppen oder Versorgungsbereiche zusammenschließen müssen.

MVZ können nur von Leistungserbringern gegründet werden, die an der Versorgung der Versicherten der GKV teilnehmen, sei es durch Zulassung, Ermächtigung oder Vertrag. Dies sind zugelassene Ärzte, Zahnärzte und Psychotherapeuten, ermächtigte Ärzte, ermächtigte ärztlich geleitete Einrichtungen, zugelassene Krankenhäuser, Rehabilitationseinrichtungen und Pflegedienste sowie sonstige Leistungserbringer im Sinne des SGB V, z. B. Physiotherapeuten, Logopäden, Ergotherapeuten, Hebammen, Apotheken und Sanitätshäuser.

---

[9] zu den Einzelheiten Altendorfer/Merk/Jensch, Das Medizininsche Versorgungszentrum – Grundlagen; Zwingel/Preißler, Das Medizinische Versorgungszentrum; Dahm/Möller/Ratzel, Rechtshandbuch Medizinische Versorgungszentren; Hohmann, Das Medizinische Versorgungszentrum – Die Verträge, vgl. auch Wigge, MedR 2004, 123; Behnsen, das Krankenhaus 2004, 602 und 698; Ziermann, MedR 2004, 540; Peikert, ZMGR 06/04, 211; Orlowski, Gesundheits- und Sozialpolitik 2004, 60; Rau, MedR 2004, 667

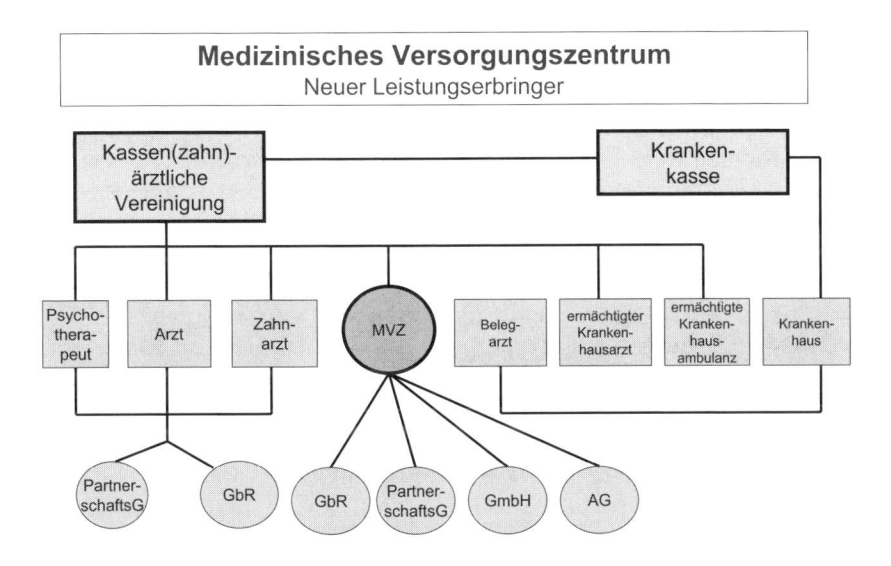

```
┌─────────────────────────────────────────┐
│      Medizinisches Versorgungszentrum   │
│          Neuer Leistungserbringer       │
└─────────────────────────────────────────┘
```

Kassen(zahn)-ärztliche Vereinigung — Krankenkasse

Psychotherapeut | Arzt | Zahnarzt | MVZ | Belegarzt | ermächtigter Krankenhausarzt | ermächtigte Krankenhausambulanz | Krankenhaus

PartnerschaftsG | GbR | GbR | PartnerschaftsG | GmbH | AG

b) Rechtsform und Sitz

MVZ können sich nach dem Gesetzestext „aller zulässigen Organisationsformen bedienen". In der Gesetzesbegründung heißt es, dass MVZ auch in Form einer Kapitalgesellschaft, z. B. einer GmbH betrieben werden können. Fest steht danach, dass die Rechtsform einer BGB-Gesellschaft oder einer Partnerschaft wie bei Gemeinschaftspraxen bzw. Praxisgemeinschaften zulässig ist. Ob auch eine GmbH und eine AG zulässig sind, hängt vom jeweiligen Bundesland ab, in dem das MVZ tätig ist.[10] Grundsätzlich ist die „Ärzte-GmbH" schon vor einigen Jahren von der Rechtsprechung gebilligt worden.[11] Die Heilberufekammergesetze der Länder enthalten zum Teil noch Verbote der Ausübung ambulanter ärztlicher Heilkunde in Form einer Kapitalgesellschaft, der „Heilkunde-GmbH" (z. B. § 18 Abs. 3 HKaG in Bayern). Allerdings ist fraglich, wie lange diese Einschränkungen noch bestehen bleiben.

Jedenfalls hat die Ärzteschaft selbst berufsrechtlich sehr schnell auf das GMG 2004 reagiert und im Mai 2004 auf dem 107. Deutschen

---

10 Möller in: Dahm/Möller/Ratzel, a.a.O., Kapitel V, Rdnr. 62
11 BayVerfGH, NJW 2000, 3418; OVG Münster, MedR 2001, 150; BayObLG vom 07.06.2000 – 3 ZPR 26; vgl. auch Klose, BB 2003, 2702

Ärztetag zahlreiche Liberalisierungen der Musterberufsordnung für Ärzte (MBO-Ä) beschlossen. Hierzu gehört auch die berufsrechtliche Zulassung von „Ärztegesellschaften" (§ 23 a MBO-Ä) in der Rechtsform der juristischen Person des Privatrechts. Die Länder sind seit dem Herbst 2004 dabei, diese Änderungen mehr oder minder weitgehend in die jeweiligen Landesberufsordnungen zu übernehmen. Für die „Ärztegesellschaft" gilt dies allerdings nur teilweise und in der Regel dort nicht, wo die Heilberufskammergesetze noch entgegenstehen. Früher oder später dürfte sich jedoch die Auffassung bzw. Rechtslage endgültig durchsetzen, dass die GmbH (und dann sogar auch die AG) als Träger von MVZ (und Arztpraxen) zulässig sein wird.[12]

c) Chancen für Praxisabgeber?

Unabhängig von der Rechtsform des MVZ steht bereits jetzt fest, dass das MVZ in gesperrten Planungsbereichen grundsätzlich als potentieller „Nachfolger" von „aufzukaufenden" Arztpraxen bzw. Vertragsarztsitzen in Betracht kommt, da MVZ in solchen Planungsbereichen nur auf diese Weise gegründet bzw. „wachsen" können. In nicht gesperrten Planungsbereichen gilt dies allerdings nicht, da MVZ dort nicht auf den Erwerb von Vertragsarztsitzen angewiesen sind, sondern freie Zulassungen beantragen können.

In gesperrten Planungsbereichen, insbesondere in Ballungsgebieten, ist daher bereits jetzt eine zunehmende Nachfrage nach Vertragsarztsitzen zu beobachten – eine Tendenz, die sich vermutlich demnächst noch verstärken wird! Am 30.6.2004 waren ca. 5 MVZ zugelassen, am 31.12.2004 ca. 50 und am 31 3. 2005 126 MVZ, am 30.6.2005 149 MVZ und am 31.8.2005 192 MVZ.[13] Vermutlich dürften es am 31.12.2005 ca. 500 sein und am 31.12.2006 bereits ca. 1.000. Allein 28 % der deutschen Krankenhäuser planen die Gründung eines MVZ bis spätestens 30.6.2007; dies allein wären 500 neue MVZ.[14]

---

12 Möller in: Dahm/Möller/Ratzel, Rdnr. 61 ff.; Zwingel/Preißler, Kapitel V Rdnr. 35 ff
13 KBV, Ärzte-Zeitung vom 12.09.2005; Redaktionsbüro Gesundheit (www.die-gesundheitsreform.de): Übersicht-
14 KBV, Ärzte-Zeitung vom 02.05.2005

4 Weitere Chancen durch das GMG 2004?

a) Weiterentwicklung der Integrierten Versorgung

Nach dem Willen des Gesetzgebers soll eine intensivierte interdisziplinär-fachübergreifende Versorgung zwischen Vertragsärzten, Krankenhäusern und MVZ entstehen. Die Krankenkassen und Leistungserbringer können seit 1.1.2004 autonome Verträge über die Versorgung der Versicherten außerhalb des Sicherstellungsauftrages abschließen (§ 75 Abs. 1 SGB V). Die Versorgung erfolgt dann für diese Bereiche aufgrund von Einzelverträgen und nicht im Rahmen des Kollektivsystems (§ 140 a SGB §§ V).[15]

Leistungen / Indikationen	Prävention	ambulante Versorgung	stationäre Versorgung	Reha	Pflege
1					
2					
3		indikationsbezogen			
4			indikationsbezogen, partiell		
...					
n		traditionelles Ärztenetz	Vollversorgung		

Der Grundgedanke der Integrierten Versorgung ist es, dem Patienten interdisziplinäre und sektorenübergreifende Versorgungsangebote zur Verfügung zu stellen (§ 140 a SGB V). Dabei meint interdisziplinär eine verschiedene vertragsärztliche Fachrichtungen zusammenfassende Versorgung, z. B. Hausärzte und Fachärzte bzw. Fachärzte untereinander. Sektorenübergreifend meint eine Versorgung, in der verschiedene Leistungssektoren, z. B. ambulant

---

15 hierzu ausführlich Wallhäuser, Verträge in der Integrierten Versorgung; vgl. auch Beule, GesR 2004, 209; Dahm, MedR 2005, 121

und stationär, also Ärzte und Krankenhäuser oder auch Apotheken zu einem Versorgungsangebot zusammengefasst werden. Das denkbare Leistungsspektrum reicht von der rein indikationsbezogenen Versorgung bis zur Vollversorgung.

Die Kassenärztlichen Vereinigungen sind von der Integrierten Versorgung als potentielle Vertragspartner von Einzelverträgen ausgeschlossen (§ 140 b SGB V), da sie sich auf die Erfüllung des verbleibenden Sicherstellungsauftrages konzentrieren sollen. Sie können im Rahmen der Integrierten Versorgung lediglich beratende Funktion für Ärzte ausüben. Die Teilnahme der Versicherten an der Integrierten Versorgung ist freiwillig (§ 140 a Abs. 2 SGB V). Nach der „Einschreibung" der Patienten ist der Wechsel zu Leistungserbringern außerhalb des Versorgungsvertrages jedoch nur noch aufgrund von Überweisungen zulässig oder wenn der Vertrag dies vorsieht (§ 140 c SGB V).

Zur Erleichterung von Vertragsabschlüssen zur Integrierten Versorgung wird der Grundsatz der Beitragssatzstabilität bis 31. 12. 2006 ausdrücklich durchbrochen (§ 140 b SGB V): Jede Krankenkasse kann in den Jahren 2004 bis 2006 von der an die Kassenärztlichen Vereinigungen zu bezahlenden Gesamtvergütung für ambulante ärztliche Behandlungen bis zu 1 % einbehalten, ebenso bis zu 1 % von der Rechnungssumme der Krankenhäuser für die voll- und teilstationäre Versorgung („Anschubfinanzierung"). Dies entspricht immerhin ca. EUR 680 Mio. jährlich.

Nach Untersuchungen des Unternehmensberaters Firma Roland Berger aus dem Jahr 2001[16] wird die in die Integrierte Versorgung fließende Vergütung im Jahr 2005 bereits ca. EUR 2,0 Mrd., im Jahr 2010 bis zu 7,8 Mrd. und im Jahr 2020 bis zu 16,3 Mrd. betragen. Der Anteil der GKV-Versicherten an der Integrierten Versorgung soll im gleichen Zeitraum von ca. 2 % bis 3 % über ca. 10 % bis 17 % auf ca. 20 % bis 35 % anwachsen – falls diese Prognosen zutreffen sollten, ein immenses Potential für die Zukunft!

Bis zum 31. 3. 2005 sind immerhin ca. 620 Verträge über die Integrierte Versorgung abgeschlossen worden.[17] An den bisherigen Verträgen sind zu 35 % Ärzte und zu 65 % Krankenhäuser betei-

---

16 Gutachten Roland Berger Strategy Consultants 2001: Geschätzte Entwicklung der Integrierten Gesundheitsversorgung
17 Horst Rebscher, Ärzte-Zeitung vom 28.02.2005

ligt.[19] Eine zentrale Frage ist natürlich, ob und inwieweit sich die Verträge nach dem Anlaufen der Anschubfinanzierung selbst weiter finanzieren aus den angestrebten Ersparnissen, oder ob die Anschubfinanzierung vom Gesetzgeber über den 31. 12. 2007 hinaus verlängert und sogar noch ausgebaut wird. Ernsthafte Schätzungen gehen davon aus, dass dies geschehen und die Integrierte Versorgung in den Jahren bis 2015 ca. 30 % der Gesamtvergütung ausmachen wird.[20] Für die Ärzte bzw. Ärztegruppen, denen der Abschluss von Einzelverträgen mit den Krankenkassen gelingt, ist dies grundsätzlich positiv zu werten, da für sie zusätzliche Vergütungsquellen neben der Vergütung von Seiten der Kassenärztlichen Vereinigungen eröffnet werden. Für nicht teilnehmende Ärzte ist dies negativ zu beurteilen, da die Anschubfinanzierung zu Lasten „ihrer" Gesamtvergütung geht.

Prognose zur Zukunft der Integrierten Versorgung 2000-2020*

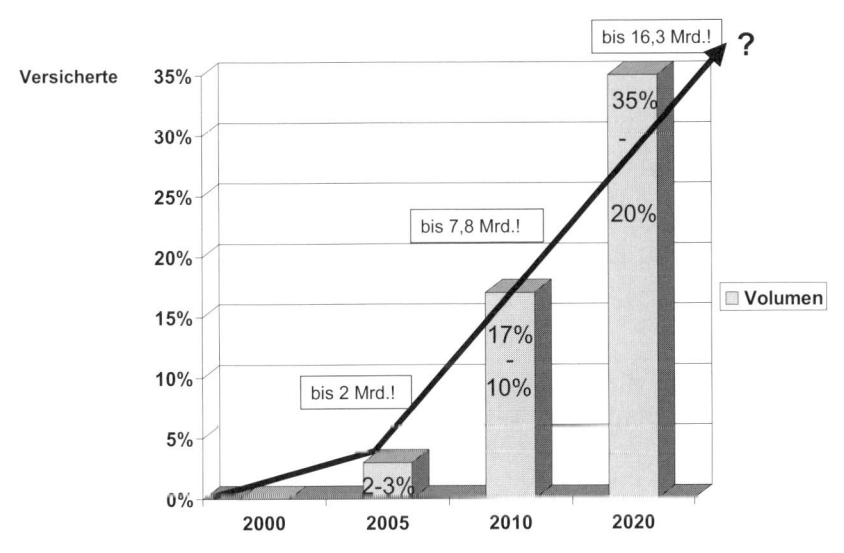

*Geschätzte Entwicklung der integrierten Gesundheitsversorgung (nach Roland Berger Strategy Consultants 2001)

---

19 Horst Rebscher, Ärzte-Zeitung vom 28.02.2005
20 Johann Magnus von Steckelberg (AOK) und Dr. Andreas Köhler (KBV), Hauptstadtkongress Berlin, 16.06.2005

Für die Praxisabgabe kann das bedeuten, dass teilnehmende Ärzte Vorteile haben, wenn es gelingt, die Nachfolge des Praxiserwerbers in den Einzelvertrag zu erreichen. Das ist eine Frage des Verhandlungsgeschicks beim Vertragsabschluss mit den Krankenkassen bzw. der Überleitung des Vertrages beim Ausscheiden des Praxisabgebers auf den Nachfolger. Realistischerweise wird man aber einräumen müssen, dass eine solche „Nachfolgeklausel" von den beteiligten Kassen wohl nur selten akzeptiert werden dürfte, da die – zumindest derzeit noch – bis heute bekannten Verträge ohnehin zumeist nur befristet abgeschlossen werden. Dies könnte sich allerdings ändern, wenn die Integrierte Versorgung tatsächlich ein „Dauerbrenner" wird, wie die Prognosen es derzeit vorhersagen.

b) Einrichtung der Hausarztzentrierten Versorgung

Aufgrund des GMG 2004 sind die Krankenkassen darüber hinaus ab 1.1.2004 verpflichtet, flächendeckend sogenannte Hausarztzentrierte Versorgungsformen anzubieten (§ 73 b SGB V). Die Neuregelung sieht nun die Möglichkeit des Abschlusses von Einzelverträgen durch die Krankenkassen mit besonders qualifizierten zugelassenen Hausärzten oder entsprechenden MVZ vor.[21]

Als besonders qualifizierte Hausärzte in diesem Sinn kommen nur solche in Betracht, die von den Gesamtvertragspartnern zu vereinbarende besondere Qualitätsnachweise erbringen, wie eine Orientierung der ärztlichen Behandlung an evidenzbasierten Leitlinien einschließlich einer rationalen Pharmakotherapie, die Verpflichtung zur Teilnahme an Qualitätszirkeln, die Verpflichtung zur Dokumentation aussagekräftiger Qualitätsindikatoren, eine Verpflichtung zur Einführung eines zertifizierten praxisinternen Qualitätsmanagements, die Verpflichtung zur Fortbildung in patientenzentrierter Gesprächsführung sowie in der psychosomatischen Grundversorgung, die Verpflichtung zur Fortbildung in der Palliativmedizin, der Schmerztherapie, der Behandlung von Alterserkrankungen und geriatrischer Krankheitsbilder, und die Existenz einer modernen EDV-Ausstattung.

---

21 hierzu ausführlich Kamps, ZMGR 2003, 91

Ein Anspruch des Hausarztes bzw. des MVZ auf Vertragsabschluss besteht nicht. Vielmehr ist das Angebot unter Bekanntgabe objektiver Auswahlkriterien von den Kassen öffentlich auszuschreiben; die Hausärzte und MVZ können sich hierauf bewerben. Die Krankenkassen müssen auch keineswegs jeden Hausarzt unter Vertrag nehmen, sondern haben nur mit so vielen Hausärzten diskriminierungsfrei einen Vertrag zu schließen, wie für die Hausarztzentrierte Versorgung der an dieser besonderen Versorgung teilnehmenden Versicherten notwendig ist.

In den Gesamtverträgen ist für diese Hausärzte eine zusätzlich von den Krankenkassen zu zahlende Vergütung, die sog. Hausarztpauschale zu vereinbaren, die auf den hausärztlichen Anteil an der Gesamtvergütung anzurechnen ist. Die Kassen müssen die Hausarztzentrierte Versorgung allen Versicherten unterschiedslos anbieten. Hierfür können Beitragsboni gewährt werden. Für die Versicherten ist die Teilnahme freiwillig. Nach der „Einschreibung" des Patienten mit einer Bindung von mindestens einem Jahr ist jedoch ein Wechsel des Hausarztes nur noch aus wichtigem Grund möglich. Die Inanspruchnahme eines Facharztes kann nur noch aufgrund einer Überweisung des zuständigen Hausarztes erfolgen.

Für die ausgewählten Hausärzte ist die Hausarztzentrierte Versorgung grundsätzlich positiv zu beurteilen. Die Konkurrenzsituation zu Lasten sonstiger Hausärzte wird sich demgegenüber vermutlich verschärfen. Für die Praxisabgabe könnte das bedeuten, dass die ausgewählten Hausärzte Vorteile haben, wenn es gelingt, die Nachfolge des Praxiserwerbers in den Einzelvertrag zu erreichen. Ob dies gelingen kann, ist derzeit noch offen, aber nicht ausgeschlossen. Insoweit gelten die obigen Ausführungen zur Auswirkung der Integrierten Versorgung auf die Chancen der Praxisveräußerung entsprechend. Allerdings kann nicht geleugnet werden, dass die Kassen von der Möglichkeit der Installation der Hausarztzentrierten Versorgung bisher kaum Gebrauch gemacht haben. Vielmehr dominieren auch im Hausarztbereich bisher Verträge, die über die Integrierte Versorgung abgewickelt werden.

C Ermittlung des Praxiswertes

I Allgemeines

Die Ermittlung des Praxiswertes ist sowohl für den Praxisabgeber wie auch für den Praxisübernehmer von zentraler Bedeutung. In der Regel hat der Praxisabgeber den aus dem Verkauf seiner Praxis zu realisierenden Kaufpreis im Rahmen seiner Altersversorgung eingeplant. Der Praxisübernehmer dagegen muss den zu zahlenden Kaufpreis in der Regel bei einer Bank fremdfinanzieren. Aus den laufenden Honorareinnahmen muss er also später nicht nur die reinen Betriebsausgaben der übernommenen Praxis und seinen Lebensunterhalt (und ggf. den seiner Familie) aufbringen, sondern auch den Kredit bedienen können, und zwar Zins und Tilgung.

Die Bestimmung des angemessenen Wertes bildet nach wie vor eines der schwierigsten Probleme bei der Veräußerung einer Arztpraxis. Eine allgemeinverbindliche Methode zur Feststellung des Verkehrswerts einer Arztpraxis gibt es nicht. Die Erfahrung zeigt allerdings, dass der Praxisabgeber oft unrealistische, d. h. überhöhte Preisvorstellungen hat! Hier ist Flexibilität und kooperatives Verhandeln gefragt: Wer sich als Praxisabgeber hartnäckig auf einen bestimmten, subjektiv aus welchen Gründen auch immer als „richtig" empfundenen, objektiv aber überhöhten Kaufpreis festgelegt hat, muss sich nicht wundern, wenn er über Jahre hinaus keinen ernsthaften Interessenten für die Nachfolge findet und sich „gefährlich" der Altersgrenze nähert.

Die Frage, welche Bewertungsmethode zu sachgerechten Ergebnissen führt, ist nach wie vor umstritten.[22] In der Praxis kommen

---

22 Überblick bei Wollny, Unternehmens- und Praxisübertragungen, Fn. 103; ausführlich Cramer/Maier, MedR 2002, 549 und 616

hauptsächlich zwei Verfahren zur Anwendung, nämlich die Umsatzmethoden, insbesondere entsprechend der „Richtlinie zur Bewertung von Arztpraxen" der Bundesärztekammer (sog. Ärztekammer-Methode)[23] sowie die betriebswirtschaftlichen Bewertungsmethoden, insbesondere die sog. Ertragswertmethode und die sog. Kombinationsmethoden. Die folgende Darstellung gilt sowohl für die Bewertung einer Einzelpraxis – auch im Rahmen einer Praxisgemeinschaft – als auch für die Bewertung des Anteils an einer Gemeinschaftspraxis.

II Die Ärztekammer-Methode

Die Ärztekammer-Methode ist als Grundlage für die Praxisbewertung nach wie vor sehr verbreitet, wenngleich sie in den letzten Jahren von den öffentlich bestellten und vereidigten Sachverständigen für die Bewertung von Arzt- und Zahnarztpraxen immer weniger angewandt wird.[24] Sie kann daher heute lediglich als erste grobe Schätzung, also als Anhaltspunkt für einen Mindestwert der Praxis verstanden werden. Nach ihr ergibt sich der Praxisgesamtwert aus der Addition des materiellen Praxiswertes, d. h. des Wertes der Praxiseinrichtung einschließlich der ärztlichen Geräte und Materialien einerseits und des ideellen Praxiswerts (sog. Goodwill), d. h. insbesondere dem Patientenstamm und dem *„guten Ruf"* der Praxis andererseits.

Im allgemeinen setzt die wirtschaftliche Verwertung einer Arztpraxis voraus, dass diese mindestens drei bis fünf Jahre besteht. Diese Zeit ist erfahrungsgemäß erforderlich, bis der Patientenstamm sich soweit gefestigt hat, dass ein Praxisnachfolger hierauf aufbauen und die Praxis in etwa dem gleichen Umfang weiterführen kann.[25] Besteht die Praxis erst drei Jahre, sind beim Goodwill deutliche Abstriche zu machen. Bei Praxen, die weniger als drei Jahre bestehen, soll der Ansatz eines Goodwill beim Verkauf regelmäßig nicht gerechtfertigt sein. Dies ist aber so nicht zutreffend, da auch solche Praxen bei entsprechender Qualifikation des Inhabers durchaus einen entsprechenden Patientenstamm aufgebaut haben können.[26]

---

23 DÄ 1987, B-671 ff.
24 so wohl auch Rieger, a.a.O., 269; Klapp, a.a.O., 5.2.2
25 Rieger, a.a.O., Rdnr. 230
26 so auch Rieger, a.a.O., Rdnr. 230; Klapp, a.a.O., 5.2.3

1 Ermittlung des materiellen Praxiswertes

Der materielle Praxiswert (Substanzwert) setzt sich aus Praxiseinrichtung, den Praxisgeräten und Materialien zusammen, steuerlich Anlage- und Umlaufvermögen genannt. Maßgebend ist der Verkehrswert, d. h. der Zeitwert[27] der jeweiligen Wirtschaftsgüter, nicht also der oft – allerdings nicht immer – deutlich niedrigere steuerliche Buchwert. Der Zeitwert wird in der Regel für jedes einzelne Wirtschaftsgut gesondert festgestellt und ermittelt sich aus der bereits abgelaufenen Nutzungsdauer einerseits und der noch zu erwartenden Nutzungsdauer andererseits nach der Formel:

$$\text{Zeitwert} = \frac{\text{Anschaffungspreis}}{\text{Wertverlust während bereits abgelaufener Nutzungsdauer bei linearer degressiver Betrachtung}}$$

2 Ermittlung des ideellen Praxiswertes

Ausgangspunkt bei der Ärztekammermethode ist die These, dass der ideelle Wert einer Arztpraxis nicht dem Geschäftswert (Firmenwert) eines gewerblichen Unternehmens entspricht. Im Gegensatz zum kaufmännischen Unternehmen soll der Wert einer Arztpraxis ausschließlich personenbezogen sein. Die „persönliche Bindung zwischen Arzt und Patient als Kernstück beruflicher Tätigkeit des Arztes setzt auch bei der wirtschaftlichen Verwertung einer Arztpraxis Maßstäbe, die sich deutlich vom Verkauf und der Bewertung gewerblicher und industrieller Unternehmungen unterscheiden".[28] Deshalb bleiben bei der Ärztekammer-Methode betriebswirtschaftliche Faktoren bei der Praxisbewertung außer Betracht.

Der maßgebliche Wertbestimmungsfaktor ist der Praxisumsatz. Zugrundezulegen sind die Bruttoumsätze aus der Kassen- und Privatpraxis in den letzten drei Kalenderjahren vor der Praxisübergabe. Aus den Jahresumsätzen der letzten drei Jahre ist der durchschnittliche Jahresumsatz zu errechnen. Da es in diesen drei Jahren zu einem signifikanten Anstieg oder Abfallen des Jahresumsatzes kommen kann, wird auch die Auffassung vertreten, dass bei der Durchschnittsberechnung der Jahresumsatz des letzten Jahres dreifach, des vorletzten Jahres zweifach und des vorvorletzten Jahres

---

27 Gatzen, Bewertung von Arztpraxen, S. 78
28 Narr, MedR 1984, 121

C Ermittlung des Praxiswertes

einfach anzusetzen ist (sog. modifizierte Ärztekammermethode oder Umsatzmethode). Deutliche Veränderungen gegenüber der „reinen" Ärztekammermethode ergeben sich hieraus nur dann, wenn sich die Umsätze der letzten drei Jahre wirklich erheblich unterscheiden.

Von dem durchschnittlichen Jahresumsatz ist ein sog. kalkulatorischer Arztlohn für den Praxisinhaber in Abzug zu bringen, d. h. das Jahresgehalt eines Oberarztes nach der Vergütungsgruppe I b BAT brutto, verheiratet, zwei Kinder, Endstufe, ohne Mehrarbeitsvergütung. Bei Durchschnittsumsätzen unter EUR 150.000,-- ist jedoch nur ein Teil dieses Oberarztgehaltes abzuziehen, und zwar nach folgender Staffelung:

bei Umsatzgrößen

ab EUR 25.000,– sind 25 %, d. h. ca. EUR 16.250,–,

ab EUR 50.000,– sind 50 %, d. h. ca. EUR 32.500,–,

ab EUR 100.000,– sind 75 %, d. h. ca. EUR 48.750,– und

ab EUR 150.000,– sind 100 %, d. h. ca. EUR 65.000,–

des zugrunde gelegten Oberarztgehalts abzusetzen.

Warum erfolgt dieser Abzug des kalkulatorischen Arztlohns? Die Richtlinie der Bundesärztekammer geht davon aus, dass der Veräußerer, der seine Praxis fortführt, seine Arbeitskraft nicht anderweitig verwerten kann bzw. der Praxiserwerber seine Arbeitskraft einbringt und nicht anderweitig verwerten kann.[29] Anders ausgedrückt: Die eigene Arbeitskraft stellt – wie z. B. bei einer GmbH das Geschäftsführergehalt – praktisch eine Kostenposition dar, die vom Umsatz abgezogen werden muss. Der „eigene Wert" der Arbeitsleistung des Veräußerers bzw. des Erwerbers muss bei der Bewertung des Goodwill in Abzug gebracht werden. Andernfalls würde der Veräußerer praktisch seine eigene Arbeitsleistung beim Praxiswert mitbewerten bzw. der Erwerber seine eigene Arbeitsleistung im Rahmen des an den Veräußerer zu zahlenden Kaufpreises „mitbezahlen".

---

29 Gatzen, a. a. O., S. 80; Luxenburger, Rechtsfragen beim Verkauf und Erwerb einer ärztlichen Praxis, S. 50

II Die Ärztekammer-Methode

Im Ergebnis beträgt der ideelle Praxiswert dann ein Drittel des so ermittelten durchschnittlichen Jahresumsatzes. Die Methode sagt allerdings nirgendwo, aus welchem Grund ausgerechnet dieses Drittel der „richtige" Faktor sein soll. Letztlich unterstellt die Methode mit diesem Faktor, dass von den vom Erwerber übernommen Patienten zwei Drittel relativ schnell nach der Übernahme der Praxis abwandern, also vom Erwerber nicht „gehalten" werden können – eine Hypothese, die erfahrungsgemäß nicht mit der Wirklichkeit übereinstimmt, da das Beharrungsvermögen der Patienten im Allgemeinen deutlich größer ist!

Ärztekammer-Methode

Bruttoumsätze in den letzten drei vorausgegangenen Kalenderjahren

1999	EUR	350.000,--
2000	EUR	400.000,--
2001	EUR	450.000,--
Summe	EUR	1.200.000,--/ 3
= durchschnittlicher Bruttojahresumsatz	EUR	400.000,--
./. Kalkulatorischer Arztlohn*	EUR	65.000,--
	EUR	335.000,--/ 3
= ideeller Praxiswert**	EUR	111.666,--
+ materieller Praxiswert (Substanzwert)	EUR	100.000,--
= Praxisgesamtwert	EUR	211.666,--

* **Jahresbruttogehalt eines Oberarztes** der Vergütungsgruppe I b BAT, verheiratet, zwei Kinder, Endstufe, ohne Mehrarbeitsvergütung

** Ausgangswert, von dem je nach den Gegebenheiten des Einzelfalles **Abschläge oder Zuschläge von ca. 20-25%** vorzunehmen sind.

C Ermittlung des Praxiswertes

Modifizierte Ärztekammer-Methode

Bruttoumsätze in den letzten drei vorausgegangenen Kalenderjahren	
1999 EUR	350.000,-- x 1
2000 EUR	400.000,-- x 2
2001 EUR	450.000,-- x 3
Summe	EUR 2.500.000,--/ 6
= durchschnittlicher Bruttojahresumsatz	EUR 416.666,--
./. kalkulatorischer Arztlohn*	EUR 65.000,--
	EUR 351.666,--/ 3
= ideeller Praxiswert**	EUR 117.222,--
+ materieller Praxiswert (Substanzwert)	EUR 100.000,--
= Praxisgesamtwert	EUR 217.222,--

* Jahresbruttogehalt eines Oberarztes der Vergütungsgruppe I b BAT, verheiratet, zwei Kinder, Endstufe, ohne Mehrarbeitsvergütung
** Ausgangswert, von dem je nach den Gegebenheiten des Einzelfalls Abschläge oder Zuschläge von ca. 20-25% vorzunehmen sind.

3 Wertmindernde und werterhöhende Merkmale

Nach der Richtlinie der Bundesärztekammer kommen dann noch folgende wertmindernde oder werterhöhende Merkmale in Betracht:

a) Objektive Bewertungsmerkmale

Örtliche Lage der Praxis	Großstadt, Kleinstadt, Landpraxis, „Laufpraxis"?
Arztdichte	Auch in Bezug auf bestimmte Fachgebiete!

Praxisstruktur	Zusammensetzung des Patientenkreises? Anteil der Kassenpatienten?
Konkurrenz durch Neuniederlassungen	Welche? In welchem Umkreis?
Übernahme der Praxisräume	Übernahme möglich oder nicht? Fortsetzung des alten Mietvertrages oder neuer Mietvertrag?
Organisations- und Rationalisierungsgrad der Praxis	Qualitätsmanagement?

b) Subjektive Bewertungsmerkmale

Lebensalter und Dauer der Berufsausübung des Veräußerers	„Hochaktive" oder „sterbende" Praxis?
Spezialisierungsgrad des Veräußerers	Fortsetzung durch Erwerber möglich?
Ruf der Praxis bei Patienten und Kollegen:	Gut oder schlecht?
Fachgebiet des Veräußerers	z.B. Orthopädiepraxis oder Kinderarztpraxis?
Gesundheitszustand des Veräußerers	Längere Krankheit mit reduzierter Tätigkeit oder Vertreter?
Einnahmemöglichkeiten des Praxisinhabers aufgrund besonderer Verträge	z.B. ambulante Operationen, Belegarzttätigkeit, Tätigkeit als D-Arzt, nebenberuflicher Betriebsarzt, Heimarzt?
Wissenschaftliche Qualifikation des Praxisinhabers	Professur, Habilitation, Veröffentlichungen, Vorträge?

C *Ermittlung des Praxiswertes*

Fachkundenachweise, Apparate- und Abrechnungsgenehmigungen	An die Person des Praxisinhabers gebunden oder fortsetzbar?
Fallzahlenentwicklung im Verhältnis zur vergleichbaren Fachgruppe	Positiv oder negativ?
Bindung der Patienten an die Person des Praxisinhabers	Altersgruppen der Patienten?
Auswirkungen auf den Praxisumsatz durch Maßnahmen des Gesetzgebers oder der Kassenärztlichen Vereinigungen	Aktuell: Auswirkungen des GMG 2004, des EBM 2000plus und der Regelleistungsvolumina?
Monopolstellung der Praxis	Fortsetzbar?
Vertreter- oder Assistententätigkeit des Praxisübernehmers in dieser Praxis	In der Regel werterhöhend!
Kündigung von qualifiziertem Personal	Personal befragen!
Interimszeit vom Tod des Praxisinhabers bis zur Praxisübernahme	Patientenabwanderung?

Die vorgenannten wertmindernden und werterhöhenden Merkmale werden ebenfalls durch den Sachverständigen festgestellt und bewertet. Sie können im Ergebnis zu einer Korrektur des ideellen Praxiswertes von bis zu 20 bis 25 % nach oben oder unten führen, sich aber auch gegenseitig teilweise oder ganz aufheben.

III Betriebswirtschaftliche Bewertungsmethoden

1 Ertragswertverfahren

Die von der Betriebswirtschaftslehre heute allgemein anerkannte Unternehmensbewertungsmethode ist das Ertragswertverfahren[30]. Ihre Anwendung auf Praxen von Freiberuflern, insbesondere auch Arztpraxen, wird heute in der betriebswirtschaftlichen Literatur

---
30 Cramer, MedR 1992, 315; Wollny, a.a.O., Rdnr. 1581

überwiegend und nachdrücklich gefordert.[31] In den letzten Jahren ist eine deutliche Tendenz zur zunehmenden Anwendung von Methoden aus dem Ertragswertbereich festzustellen.[32]

Anders als die Ärztekammer-Methode, die sich im Wesentlichen an der Vergangenheit orientiert, ist die Ertragswertmethode schwerpunktmäßig zukunftsbezogen. Auf der Basis der Einnahmen-Überschuss-Rechnungen der Praxis in der Vergangenheit wird versucht, eine Berechnung der Zukunftsprognose zu erstellen. Dabei wird nicht auf den Umsatz, sondern auf die Gewinne abgestellt.[33] Dies setzt eine eingehende Analyse des gesamten betrieblichen Geschehens und des für die Arztpraxis relevanten wirtschaftlichen Umfelds voraus. Die zu bewertende Frage lautet, inwieweit die Vergangenheitserfolge in die Zukunft fortschreibbar sind.

Der Ertragswert der Arztpraxis ist danach der Barwert aller zukünftigen Erfolge. Das in der Praxis gebundene Kapital wird vom Gutachter unter dem Gesichtspunkt gesehen, welchen Nutzen es dem Praxiserwerber in Zukunft in dem Unternehmen Arztpraxis bringen wird. Verwendet wird hierzu im allgemeinen eine Abzinsungsformel betreffend die Entwicklung dieses Kapitals in der Zukunft.[31] Der Zinssatz entspricht üblicherweise der Umlaufrendite für festverzinsliche Wertpapiere (je nach Marktlage zwischen ca. 4 % und 6 %). Bedeutsam ist ferner die Wahl des Kapitalisierungszeitraums (in der Regel ca. zwei bis fünf Jahre), da sich bei einer Arztpraxis der von der Person des Inhabers abhängende Wert mit der Zeit verflüchtigt. Je länger dieser Zeitraum gewählt wird, desto höher fällt der Praxiswert aus.

Der Substanzwert (materielle Wert) ist bei der „reinen" Ertragswertmethode, anders als bei der Ärztekammer-Methode, Bestandteil des gesamten Praxiswertes, d. h. des Ertragswertes, und wird nicht gesondert bewertet.[34] Dies ist eine Besonderheit, die von den meisten Ärzten nur schwer nachvollzogen werden kann. Die Ermittlung des Praxiswerts nach der reinen Ertragswertmethode ist außerdem deutlich aufwendiger als nach der Ärztekammer-

---
31 Cramer, MedR 1992, 315
32 so auch Rieger, a.a.O., Rdnr. 265
33 Rieger, a.a.O., Rdnr. 265 f.
34 Küntzel, DStR 2000, 1103

Methode. Die Berechnungsformel ist so kompliziert, dass hier auf deren Darstellung verzichtet wird,[35] ebenso auf ein Berechnungsbeispiel. Für den Arzt selbst ist es – im Gegensatz zur Ärztekammermethode – in der Regel nicht möglich, den Wert seiner Praxis nach der Ertragswertmethode selbst zu ermitteln. Dies ist sicherlich ein Grund dafür, dass sich die „reine" Ertragswertmethode nach wie vor schwer tut, sich in der Bewertungspraxis vollständig durchzusetzen.

2 Kombinationsmethoden

Zu den in der Praxis – gerade auch bei der Bewertung von Arztpraxen – heute weithin gebräuchlichen und von den Gerichten zwischenzeitlich anerkannten betriebswirtschaftlichen Bewertungsmethoden gehören die sog. Kombinationsmethoden, allen voran die Methode der Übergewinnverrentung oder Übergewinnabgeltung (UEC-Methode).[36] Der Name dieser Methode ist darauf zurückzuführen, dass sie – wie die „reine" Ertragsmethode – nicht auf den Umsatz in der Vergangenheit abstellt, sondern auf den Gewinn, und hieraus die künftigen Gewinne zu prognostizieren versucht, von denen der Erwerber der Praxis künftig profitieren wird, also den sog. „Übergewinn". Dieser „Übergewinn" bildet den Wert der Praxis. Die UEC-Methode ähnelt insofern der Ertragswertmethode.

Diese Methode berücksichtigt aber, – insoweit ebenso wie die Ärztekammer-Methode – auch den Substanzwert, d. h. den materiellen Wert der Praxis. Die UEC-Methode stellt also einen Kompromiss dar.[37] Dieses Verfahren verbindet die Praktikabilität der Ärztekammer-Methode mit dem schwierigen und aufwendigen Ertragswertverfahren.

---

35 zu den Einzelheiten Küntzel, DStR 2000, 1103; vgl. auch Küntzel in: Ehlers, a.a.O., Rdnr. 712 ff.
36 nach Rieger, a.a.O., Rdnr. 266, Fn. 224 soll diese Methode mittlerweile überholt sein. Dies erscheint zumindest fragwürdig, zumal sie in der Rechtsprechung nun offenbar anerkannt wird, so OLG Koblenz vom 10.08.1998, – 13 UF 1143/97;vgl. OLG Schleswig-Holstein vom 29.01.2004 – 5 U 5446/97, MedR 2004, 215; so wohl auch Klapp, a.a.O., 5.2.2
37 Klapp, a.a.O., 5.2.2

III Betriebswirtschaftliche Bewertungsmethoden

Methode der Übergewinnverrentung (UEC-Methode)*

Berechnung des nachhaltig erzielbaren künftigen Gewinns (G):	
Anrechenbarer (objektivierter) Umsatz*	EUR 400.000,--
./. Anrechenbare (objektivierte) Kosten **	EUR 200.000,--
Praxisrohgewinn	**EUR 200.000,--**
./. Kosten für Reinvestitionen/Ersatzbeschaffungen (Abschreibungen)	EUR 10.000,--
./. Inhaberentgelt (kalkulatorischer Arztlohn)	EUR 65.000,--
= nachhaltig erzielbarer künftiger Gewinn (G)	EUR 125.000,--
Berechnung des Praxisgesamtwerts (P):	
Substanzwert (S) nach Bewertung	EUR 100.000,--
nachhaltig erzielbarer künftiger Gewinn (G)	EUR 125.000,--
Kapitalisierungszinsfuß (i)	5,00%
Verflüchtigungsdauer goodwill	2 Jahre
nachschüssiger Rentenbarwertfaktor (an)	1,8463
Berechnungsformel für den Praxisgesamtwert (P):	
P = S + an x (G – i x S) =	EUR 321.555,--
./. Substanzwert (S)	EUR 100.000,--
= goodwill	EUR 221.555,--

* ohne „Sonderumsätze", z.B. Arzneimittelstudien, Gutachten
** ohne „private Kosten", z.B. Pkw, „Ehefrau"

Neuerdings wird auch eine leicht veränderte Spielart der UEC-Methode, die sog. modifizierte Ertragswertmethode angewandt,[38] die sich aber kaum von der UEC-Methode unterscheidet.[39] Soweit ersichtlich, besteht der Unterschied nur darin, dass bei der Gewinnermittlung zusätzlich noch die durchschnittlichen Ertragssteuern in Abzug gebracht werden.[40]

3 Methodendiskussion

In der Literatur wird die Ärztekammer-Methode als zulässige Möglichkeit zur Ermittlung des Wertes einer Arztpraxis grundsätz-

---

38 Rieger, a.a.O., Rdnr. 267 f.
39 anders wohl Rieger, a.a.O., Rdnr. 267 f.
40 hierzu Boos, MedR 2005, 203; allerdings für die Praxiswertermittlung im Rahmen von Scheidungsverfahren. Die Ertragssteuern können jedoch nach hiesiger Auffassung bei der Praxisveräußerung keine Rolle spielen, da sich diese auf der persönlichen Ebene und nicht auf der betrieblichen Ebene auswirken

lich nach wie vor anerkannt. Der BGH[41] hat im Rahmen der Ermittlung des Zugewinnausgleichs in Scheidungsverfahren die Ärztekammer-Methode nicht nur als eine mögliche, sondern auch als die gegenüber der Ertragswertmethode bevorzugte Bewertungsmethode angesehen. Allerdings ist diese Entscheidung des BGH mittlerweile fast 15 Jahre alt. Zwischenzeitlich sind diverse Entscheidungen von Instanzgerichten ergangen, die betriebswirtschaftlich orientierte Methoden vorgezogen haben,[42] so dass bezweifelt werden muss, ob der BGH heute noch ebenso entscheiden würde, wie damals.[43]

Jedenfalls kann nicht geleugnet werden, dass die nach der Ärztekammer-Methode ermittelten Werte schon seit einiger Zeit nicht mehr die tatsächlichen Marktverhältnisse widerspiegeln.[44] Die tatsächlich gezahlten Preise für gut eingeführte Arztpraxen in mittleren bis guten Lagen liegen meist deutlich höher, als nach dieser Methode ermittelt. Daher ist die Feststellung zwischenzeitlich überholt, dass die Ärztekammer-Methode infolge ihrer einfachen Praktikabilität noch immer weit verbreitet und damit ein „*Marktfaktum*" ist.[45]

Die Ertragswertmethoden führen zwar nicht a priori, aber doch in aller Regel zu deutlich, d. h. um ca. 50 % bis 100 %(!), höheren und damit marktkonformeren Praxiswerten als die Ärztekammer-Methode. Sie berücksichtigen im übrigen auch die Besonderheiten von Arztpraxen, denn die Betriebswirtschaftslehre hat sich seit langem auch mit den spezifischen Produktionsbedingungen für Dienstleistungen befasst.[46] Die betriebswirtschaftlichen Bewertungsmethoden führen zu nachvollziehbareren, differenzierteren und damit gerechteren Praxiswerten als die „rechnerisch nicht

---

41 BGH, FamRZ 1991, 43; BGH, FamRZ 1999, 361; ebenso OLG Karlsruhe, MedR 1990, 94 für eine Steuerberaterpraxis
42 so OLG Hamm vom 28.06.1996, – 12 UF 34/95 für die Ertragswertmethode bei einer Massagepraxis; OLG Koblenz vom 10.08.1998, – 13 UF 1143/97 für die UEC-Methode bei einer Zahnarztpraxis; OLG München vom 28.01.2002 – 31 U 4888/00, MedR 2004, 223 für die Ertragswertmethode bei einer Zahnarztpraxis
43 nach wie vor kritisch zur Ertragswertmethode bei einer Steuerberaterpraxis aber BGH vom 25.11.1998, FamRZ 1991, 361
44 so jetzt wohl auch Rieger, a.a.O., Rdnr. 269; zurückhaltend noch Klapp, a.a.O., 5.2.2
45 Cramer, MedR 1992, 315
46 vgl. Klapp, a.a.O., 5.2.2

begründete und wissenschaftlich in keiner Weise untermauerte"[47] Ärztekammer-Methode.

Tipp:

> Bereits bei Praxen mit typischer Ausprägung und durchschnittlicher Leistungsstärke (Normalfall) ist die Einholung eines nach betriebswirtschaftlichen Methoden erstellten Gutachtens ernsthaft zu erwägen, erst recht bei der Bewertung von Einsende- und Überweisungspraxen, also z. B. bei Radiologen-, Nephrologen- und Laborpraxen. Die Ärztekammermethode führt hier oft zu zu niedrigen Ergebnissen.

Dass sich betriebswirtschaftliche Bewertungsmethoden, insbesondere die UEC-Methode, mittel- oder langfristig in der Praxis durchsetzen werden, erscheint heute nicht mehr zweifelhaft.[48] Bei dieser Sachlage empfiehlt es sich für den Verkäufer, grundsätzlich ein betriebswirtschaftlich fundiertes Praxiswertgutachten einzuholen, auch wenn es regelmäßig teurer ist,[49] als ein Gutachten nach der Ärztekammer-Methode. Für den Erwerber gilt natürlich – aus seiner Sicht – das Gegenteil.

Tipp:

> Für den Praxisveräußerer ist in der Regel die UEC-Methode bzw. die modifizierte Ertragswertmethode am günstigsten, für den Erwerber aber die Ärztekammer-Methode!

4 Gutachten oder Eigenbewertung nach Marktlage?

Die Einholung eines Gutachtens durch einen öffentlich bestellten und vereidigten Sachverständigen für die Bewertung von Arzt- und Zahnarztpraxen empfiehlt sich auf jeden Fall, und zwar insbe-

---

47 Cramer, MedR 1992, 315
48 Rieger, a.a.O., 269; kritisch aber neuerdings wieder Cramer/Maier, MedR 2002, 549 und 616
49 geschätzt ca. EUR 2.500,– bis EuR 7.500,–, je nach Praxisgröße, d.h. Umsatz bzw. Gewinn!

C Ermittlung des Praxiswertes

sondere für den Praxisabgeber. Einem fundierten Praxiswertgutachten durch einen hierauf spezialisierten Sachverständigen wird der Erwerber in den Verhandlungen kaum etwas Substantielles entgegensetzen können. Es kann dann allenfalls noch um ein Entgegenkommen des Veräußerers um wenige EUR 1.000,- gehen, damit der Erwerber „sein Gesicht wahren" kann.

Tipp:

Wird ein Gutachten eingeholt, sollten sich Veräußerer und Erwerber vorher darüber einigen, ob sie das Gutachtensergebnis als verbindliche Feststellung des endgültigen Kaufpreises betrachten (sog. Schiedsgutachten), oder ob – wie in der Regel der Fall – das Gutachtensergebnis lediglich die Verhandlungsgrundlage bilden soll, von der bei der endgültigen Kaufpreisfindung noch abgewichen werden kann.

Von der nicht selten zu beobachtenden „Eigenbewertung nach Faustformel" (z. B. Umsatz x 0,8) ist grundsätzlich abzuraten. Wegen der oft sehr unterschiedlichen Preisvorstellungen von Veräußerer und Erwerber besteht hier die Gefahr entweder verzerrter Kaufpreise oder des Scheiterns der Verhandlungen. Dennoch ist die „Eigenbewertung nach Marktlage" ein fachlich nicht seltenes Phänomen. Hier gibt es erhebliche Unterschiede von Region zu Region, nach Fachgebieten, etc..

Es ist nicht zu leugnen, dass insbesondere in gesperrten Ballungsgebieten mit hoher Attraktivität (wie z. B. München, Freiburg) teilweise Kaufpreise gezahlt wurden und werden, die deutlich über den durch Gutachten ermittelten Werten liegen! Hier bestimmen eindeutig knappes Angebot und starke Nachfrage den Preis![50] Umgekehrtes gilt leider zum Teil in den neuen Bundesländern, d. h. es gibt dort einen Preisverfall oder gar die Unveräußerlichkeit in strukturschwachen Gebieten, insbesondere im hausärztlichen Bereich. In Zeiten der Budgetierung bzw. Regelleistungsvolumina, sinkender Umsätze, steigender Kosten und eventuell besserer Zukunftschancen für junge Ärzte im Ausland wie z. B. Großbritannien, Schweden oder Norwegen verwundert dies nicht wirklich.

---

50 so auch Klapp, a. a. O., Rdnr. 5.3

III Betriebswirtschaftliche Bewertungsmethoden

Tipp:

Der – auch durch Gutachten – ermittelte Praxiswert ist nicht immer, oft überhaupt nicht identisch mit dem tatsächlich erzielbaren bzw. erzielten Kaufpreis!

Aus den nachfolgenden statistischen Übersichten gehen die in den Jahren 2002/2003 erzielten durchschnittlichen (!) Kaufpreise für Praxisübernahmen bzw. Gemeinschaftsanteilsveräußerungen hervor sowie die Kaufpreisentwicklung in den Jahren 1988/89 bis 2002/03.

Ideeller Praxiswert und Substanz in Euro bei Einzelpraxisübernahme nach Arztgruppen 2002/2003* (West)

Arztgruppe	Ideeller Wert	Substanzwert
Allgemeinärzte	70.483	25.790
Anästhesisten	97.500	7.500
Augenärzte	62.950	35.120
Chirurgen	106.773	61.080
Gynäkologen	97.057	44.607
HNO-Ärzte	94.780	48.193
Hautärzte	81.539	43.665
Internisten	78.494	40.271
Kinderärzte	70.505	30.540
Nervenärzte/Neuro.	75.825	29.069
Orthopäden	121.386	65.196
Psychoth./Psychiat.	53.050	6.200
Urologen	138.118	75.859
Alle Ärzte	**85.373**	**40.067**

*Quelle: Deutsche Apotheker- und Ärztebank, Zentralinstitut für die kassenärztliche Versorgung 2004

C Ermittlung des Praxiswertes

Ideeller Praxiswert und Substanzwert in Euro bei Einzelpraxisübernahme nach Arztgruppen 2002/2003* (Ost)

Artgruppe	Ideeller Wert	Substanzwert
Allgemeinärzte	28.176	21.941
Anästhesisten	---------	---------
Augenärzte	51.300	53.200
Chirurgen	56.408	44.117
Gynäkologen	55.495	26.027
HNO-Ärzte	47.182	24.918
Hautärzte	23.000	6.500
Internisten	77.404	19.892
Kinderärzte	45.840	19.500
Nervenärzte/Neuro.	---------	---------
Orthopäden	64.357	35.543
Psychoth./Psychiat.	---------	---------
Urologen	---------	---------
Alle Ärzte	**48.777**	**25.759**

* Quelle Deutsche Apotheker- und Ärztebank, Zentralinstitut für die kassenärztliche Versorgung 2004

Ideeller Praxiswert und Substanz in Euro bei Gemeinschaftspraxisbeitritt nach Arztgruppen 2002/2003* (West)

Arztgruppe	Ideeller Wert	Substanzwert
Allgemeinärzte	94.000	40.767
Anästhesisten	105.125	56.250
Augenärzte	89.067	37.950
Chirurgen	175.130	67.950
Gynäkologen	87.982	75.458
HNO-Ärzte	55.750	32.900
Hautärzte	134.567	42.800
Internisten	150.479	68.663
Kinderärzte	49.571	60.071
Nervenärzte/Neuro.	116.850	46.275
Orthopäden	179.457	57.671
Psychoth./Psychiat.	----------	----------
Urologen	208.067	28.900
Alle Ärzte	**124.202**	**56.938**

*Quelle: Deutsche Apotheker- und Ärztebank, Zentralinstitut für die kassenärztliche Versorgung 2004

III Betriebswirtschaftliche Bewertungsmethoden

Entwicklung der Kaufpreise bei Einzelpraxisübernahmen in Deutschland (West) in den Jahren 1989/90 bis 2002/2003*

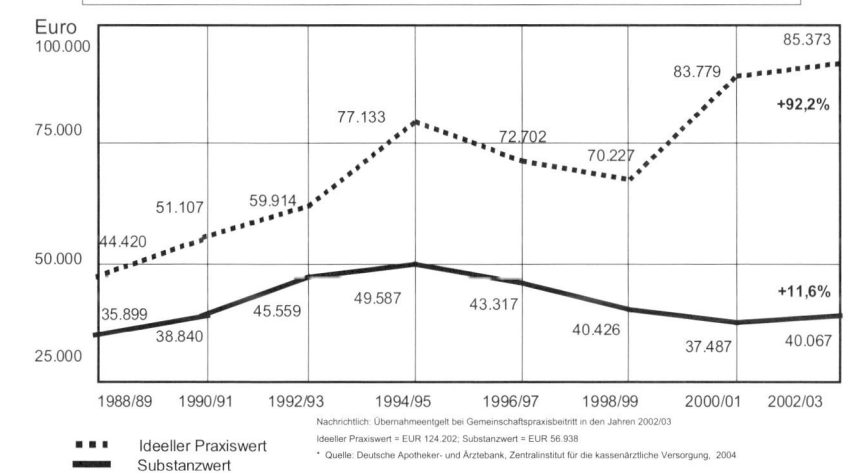

Euro

- 100.000
- 75.000
- 50.000
- 25.000

Ideeller Praxiswert (gestrichelt):
- 44.420
- 51.107
- 59.914
- 77.133
- 72.702
- 70.227
- 83.779
- 85.373
- +92,2%

Substanzwert (durchgezogen):
- 35.899
- 38.840
- 45.559
- 49.587
- 43.317
- 40.426
- 37.487
- 40.067
- +11,6%

Jahre: 1988/89, 1990/91, 1992/93, 1994/95, 1996/97, 1998/99, 2000/01, 2002/03

Nachrichtlich: Übernahmeentgelt bei Gemeinschaftspraxisbeitritt in den Jahren 2002/03
Ideeller Praxiswert = EUR 124.202; Substanzwert = EUR 56.938

■ ■ ■ Ideeller Praxiswert
▬▬ Substanzwert

* Quelle: Deutsche Apotheker- und Ärztebank, Zentralinstitut für die kassenärztliche Versorgung, 2004

D Praxisübernahmevertrag, Übergangskooperation und Vertrag über die Übernahme eines Anteils an einer Gemeinschaftspraxis

I Praxisübernahmevertrag

1 Rechtsnatur und Formvorschriften

Rechtlich ist der Praxisübernahmevertrag ein Kaufvertrag (§§ 433 ff. BGB) und zwar ein sogenannter Sachkauf. Für den Praxisübernahmevertrag ist gesetzlich keine Schriftform vorgeschrieben. Aus Beweisgründen und wegen der weitreichenden Bedeutung empfiehlt sich jedoch in jedem Fall die Schriftform. Der notariellen Beurkundung bedarf der Praxisübernahmevertrag allerdings dann, wenn der Praxisabgeber auch Eigentümer der Praxisräume ist und diese mit der Praxis an den Praxisübernehmer veräußert werden.

Jeder Praxisübernahmevertrag sollte unbedingt mit einem spezialisierten Anwalt und Steuerberater für den Einzelfall erstellt werden. „Selbstgestrickte" Vertragsvorlagen oder „Vertragsmuster", insbesondere alte Verträge von ärztlichen Kollegen, stellen hier keine Alternative dar, da die Gefahr besteht, dass aktuelle Rechtsprechung sowie wichtige Inhalte übersehen werden (z. B. Regelungen zum Nachbesetzungsverfahren; Übertragung des Vertragsarztsitzes, Zustimmungsregelungen hinsichtlich der Patienten u.ä.). Jeder Vertrag muss auf die individuellen Besonderheiten und persönlichen Gegebenheiten der Parteien angepasst werden, damit diese Regelungen im Zweifel, wenn es darauf ankommt, eine Lösung herbeiführen können bzw. im Streitfall vor Gericht standhalten.

Tipp:

Den Praxisübernahmevertrag auf jeden Fall schriftlich abschließen! Keine „selbstgestrickten Vertragsmuster" verwenden!

2 Vertragsgegenstand

a) Verkauf der „vertragsärztlichen Zulassung"?

Vertragsgegenstand des Praxisübernahmevertrages ist die Praxis, nicht aber – wie immer wieder einmal unrichtig in „Verträgen" zu lesen ist – die vertragsärztliche Zulassung. Der BGH hat bereits im Jahr 1981 entschieden:[51] „Mit der Zulassung ist eine öffentlichrechtliche Berechtigung verbunden, die in ihrer Bedeutung – und damit wirtschaftlich gesehen in ihrem Vermögenswert – entscheidend durch die beruflichen Fähigkeiten und die Initiative des Berechtigten ausgefüllt und geprägt wird."

Dagegen hat das BSG vor einiger Zeit entschieden, die Zulassung habe keinen eigenen Vermögenswert und sei deswegen auch unpfändbar und insolvenzfest.[52] Dies erscheint allerdings aus folgenden Gründen missverständlich: Der aufgrund der Verknappung der Zulassungen seit Inkrafttreten des GSG 1993 seit Jahren nicht selten zu beobachtende „Konzessionshandel"[53] in Form eines „Schwarzen Marktes" wird von Literatur, Rechtsprechung und seit geraumer Zeit auch von den Kassenärztlichen Vereinigungen – jedenfalls bei ungeschickter Vertragsgestaltung oder sonstigem Bekanntwerden – kritisiert, bekämpft und unterbunden. Also hat die Zulassung praktisch sehr wohl einen eigenen Vermögenswert!

Letztlich bildet sie nämlich die Untergrenze dessen, was ein Erwerber für eine Arztpraxis auch dann noch zu zahlen bereit ist, wenn der immaterielle Wert in Form des Goodwill praktisch kaum noch besteht, weil es keinen nennenswerten Patientenstamm mehr gibt. Hierfür spricht auch, dass nun sogar der Gesetzgeber im Rahmen der letzten Gesundheitsreform (GMG 2004) zumindest für Medizinische Versorgungszentren die Möglichkeit eröffnet hat, dass diese

---
51 BGH, NJW 1981, 2002
52 BSG, MedR 2001, 159
53 Dahm, MedR 2000, 551

isoliert „den Vertragsarztsitz" – also nicht unbedingt auch die Praxis – übernehmen können, wenn ein Arzt auf die Zulassung verzichtet und sich im Versorgungszentrum anstellen lässt (§ 103 Abs. 4 a Satz 1 SGB V).

Die Zulassung durch den Zulassungsausschuss der Kassenärztlichen Vereinigung setzt nichtsdestotrotz – abgesehen von dem vorgenannten Ausnahmefall – zwingend die Praxisveräußerung (nach § 103 Abs. 4 SGB V) voraus. Ein „Zulassungsverkauf" ohne Praxis ist nichtig.[54] Als besondere Problemfälle mit der Rechtsfolge Nichtigkeit sind bislang bekannt geworden: Die isolierte Verfügung über eine Zulassung[55], eine längere Zeit des Ruhens der Zulassung[56], kein – ansatzweise erkennbarer – Praxiswert wegen Verflüchtigung des Patientenstammes[57], eine fehlende Regelung über den immateriellen Wert im Übertragungsvertrag[58] und eine tatsächlich nicht existente Gemeinschaftspraxis[59], z. B. Scheingemeinschaftspraxis wegen (verdeckter) Anstellung.[60] Zulässig dürfte aber die sofortige Verlegung der Praxis nach Erhalt der Zulassung sein,[61] jedenfalls aber nach Abwarten einer „Schonfrist" von ca. drei Monaten.

Obgleich nach wie vor vieles im einzelnen umstritten ist, steht nach dem BSG jedenfalls fest:[56] „Praxisfortführung in diesem Sinne verlangt nicht notwendig, dass der Nachfolger eines ausscheidenden Vertragsarztes auf Dauer die bisherigen Patienten in denselben Praxisräumen mit Unterstützung desselben Praxispersonals und unter Nutzung derselben medizinisch-technischen Infrastruktur behandelt oder zumindest behandeln will." Es muss also eine „Gesamtschau" stattfinden im Sinne einer umfassenden Würdigung der Praxisveräußerung: Ob eine Gesamtheit der gegenständlichen und personellen Grundlagen der Tätigkeit eines in freier Pra-

---

54 LSG Nordrhein-Westfalen, MedR 1999, 237; BSG vom 29.09.1999 – B 6 Ka 1/99; OLG Hamm, GesR 2005, 177
55 LSG Nordrhein-Westfalen, MedR 1998, 377
56 BSG vom 29.09.1999 – B 6 Ka 1/99 R
57 LSG Nordrhein-Westfalen, MedR 1999, 237
58 OLG Saarbrücken, MedR 1997, 418
59 LSG Nordrhein-Westfalen, MedR 1999, 237; BSG vom 29.09.1999 – B 6 Ka 17/99
60 anders aber LSG Niedersachsen – Bremen, MedR 2002, 540
61 vom OLG Köln, Urteil vom 22.09.1999 – 13 U 47/99 – zu Unrecht als „systematisch angelegte Manipulation" bezeichnet

xis arbeitenden Arztes übergeben werden soll oder nicht.[62] Da es für die Ausübung des ärztlichen Berufs in eigener Praxis unerheblich ist, wie die Eigentumsverhältnisse an Praxiseinrichtung, Geräten und Material gestaltet sind[63], ist es im Einzelfall daher auch unbedenklich, wenn aus nachvollziehbaren Gründen nur der Goodwill als veräußerungs- und übertragungswürdiges Element verbleibt.[64] Umgekehrt reicht es auch aus, wenn noch ausreichend Anlagevermögen für den Betrieb einer Arztpraxis vorhanden ist.[64]

Tipp:

Im Kaufvertrag keine Veräußerung der „Kassenärztlichen Zulassung" oder des „Vertragsarztsitzes" ohne Veräußerung zumindest auch des Anlagevermögens oder des Goodwill in Form des (wenn auch nur noch kleinen) Patientenstamms.

Zulässig – und in der Praxis dringend erforderlich sind – Vereinbarungen im Kaufvertrag über die Arztpraxis als Kaufgegenstand, nach denen sich der Praxisabgeber verpflichtet, das Nachbesetzungsverfahren einzuleiten und sich zu bemühen, dass der Praxisnachfolger die dann auszuschreibende vertragsärztliche Zulassung bzw. den Vertragsarztsitz an seiner Stelle erhält.

b) Trennung von materiellem und immateriellem Praxiswert

Im Kaufvertrag sind wegen der unterschiedlichen steuerlichen Abschreibungsmöglichkeiten für den Erwerber[65] der materielle Praxiswert (Substanzwert der Praxis) und der ideelle Praxiswert (Goodwill) getrennt auszuweisen.

Hinsichtlich der materiellen Vermögensgegenstände hat es sich in der Praxis bewährt, für die Praxiseinrichtung eine vom Praxisveräußerer und -erwerber abgezeichnete Inventarliste als Anlage zum Übernahmevertrag zu geben, damit kein Streit darüber ausbricht,

---

62 LSG Nordrhein-Westfalen, MedR 1999, 238
63 Möller, MedR 1999, 496; Schallen, Zulassungsverordnung für Vertragsärzte u. a., § 23 Rdnr. 832; anders wohl Engelmann, ZMGR 2001, 3
64 Hesral in: Ehlers, a. a. O., Rdnr. 238
65 von 5 – 10 Jahren einerseits bzw. 3 – 5 Jahren andererseits

welche Gegenstände mitverkauft worden sind und welche nicht. Machbar ist es umgekehrt auch, dass alles in der Praxis Befindliche als „gebraucht wie besichtigt" verkauft und eine sog. Negativliste über die Gegenstände beigefügt wird, die ausdrücklich nicht mitverkauft werden. Persönliche Gegenstände, wie wertvolle Gemälde, besondere Einrichtungsgegenstände (Antiquitäten), Pkw werden üblicherweise nicht mitverkauft. Befindet sich beispielsweise der Pkw des Veräußerers wie üblich im Betriebsvermögen, wäre er ohne Aufführung in einer solchen Liste mitverkauft – und das ohne zusätzlichen Kaufpreis!

Tipp:

Unbedingt Inventarliste für Praxiseinrichtung, ärztliche Geräte etc. fertigen, beiderseits prüfen, abzeichnen und als Anlage beifügen!

Der ideelle Praxiswert besteht in dem wirtschaftlichen Wert der dem Praxisübernehmer gewährten Chance, die Patienten des Veräußerers zu übernehmen (Patientenstamm), für sich zu gewinnen und den vorhandenen Bestand als Grundlage für den weiteren Ausbau der Praxis zu verwenden. Zum Goodwill gehören auch die künftigen Gewinnaussichten der Praxis.[66]

3 Kaufpreis

a) Aufteilung

Der Kaufpreis ist – wie bereits ausgeführt – entsprechend zwischen immateriellem Praxiswert und materiellem Praxiswert aufzuteilen. In der Regel ist der Kaufpreis für den ideellen Praxiswert höher als der Kaufpreis für den Substanzwert; übliche Verteilungsquoten sind z. B. 75 % / 25 % oder 66,66 % / 33,33 % oder gar 90 % / 10 %. Eine Ausnahme bilden hier allerdings sog. Gerätepraxen mit besonders hochwertiger Einrichtung, z. B. bei Radiologen, Nephrologen und Laborärzten. Hier kann die Verteilung der Anteile durchaus auch umgekehrt aussehen.

---

66 Laufs/Uhlenbruck, Handbuch des Arztrechts, § 19 Rdnr. 1; Möller in: Ehlers, a.a.O., Rdnr. 402; BGH vom 29.10.1990 – XII ZR 101/89

b) Fälligkeit

Auch die Fälligkeit des Kaufpreises ist im Kaufvertrag zu regeln. Üblicherweise wird der Kaufpreis mit Übergabe der Praxis zur Zahlung fällig. Da jedoch zwischen der Vertragsunterzeichnung und der Übergabe der Praxis durchaus ein längerer Zeitraum liegen kann, ist in diesem Fall dringend zu empfehlen, dass der Praxisabgeber vom Praxisübernehmer durch eine Bankbürgschaft der finanzierenden Bank abgesichert wird.[67] Hierfür fallen üblicherweise Kosten in Form der sog. Avalzinsen, ca. 1,5 % bis 2 % der Bürgschaftssumme, an, die fairerweise der Veräußerer trägt, da die Bürgschaft ja seinen Interessen dient.

Die Bürgschaft sollte unbedingt, unwiderruflich, unbefristet und selbstschuldnerisch sein und die Klausel „Zahlung auf erstes Anfordern"[68] enthalten. Andernfalls liefe der Veräußerer das Risiko, bei Nichtzahlung des Kaufpreises durch den Erwerber und Zahlungsverweigerung der Bank diese doch erst verklagen zu müssen – ggf. ein dorniger Weg mit ungewissem Ausgang! Das aber ist gerade nicht der Zweck einer Bürgschaft, die dem Veräußerer das Liquiditätsrisiko des Erwerbers ja abnehmen soll.

Eine bloße Finanzierungsbestätigung der Bank ist zwar kostenlos, aber auch wertlos im Fall der späteren Illiquidität oder Insolvenz des Erwerbers.[69] Die Bank kann nämlich eine solche Finanzierungszusage ohne weiteres zurückziehen, falls sich die Bonität des Erwerbers – aus welchen Gründen auch immer – vor der Übergabe der Praxis und der Darlehensauszahlung erheblich verschlechtert.

Tipp:

Kein Kaufvertragsabschluss ohne speziell formulierte Bankbürgschaft der Bank des Erwerbers!

Alternativ zur Bankbürgschaft kommt auch eine Bürgschaft eines (nachgeprüft solventen) Verwandten des Erwerbers, eine Grundschuld auf eine Immobilie oder die Abtretung einer Lebensversicherung (mit von der Versicherung schriftlich bestätigtem Rück-

---
67 so auch Rieger, a.a.O., Rdnr. 160 und 166
68 so auch Klapp, a.a.O., 9.6.3
69 Rieger, a.a.O., Rdnr. 160; Klapp, a.a.O., 9.6.3

I Praxisübernahmevertrag

kaufswert!) in Höhe des Kaufpreises in Betracht.[70] Auch die treuhänderische Einzahlung des Kaufpreises auf einem Notar- oder Rechtsanwaltsanderkonto ist denkbar.[71]

Das Todesfallrisiko des Erwerbers sollte – jedenfalls bei einem Zeitraum von mehr als drei Monaten zwischen Vertragsunterzeichnung und Übergabe der Praxis – durch eine Risikolebensversicherung zugunsten des Veräußerers abgesichert werden.[72] Die Bürgschaft sichert dieses Risiko nämlich nicht ab. Es ist schon vorgekommen, dass ein Erwerber nach Vertragsunterzeichnung das Opfer eines Unfalls wurde – und der Erwerber kurz vor dem geplanten Übergabetag erneut mit der Nachfolgersuche beginnen musste. Hat der Veräußerer dann bereits die Altersgrenze von 68 Jahren erreicht oder steht er knapp davor, kann es zeitlich eng werden. Die (vergleichsweise geringen) Prämien der Versicherung zahlt üblicherweise der Veräußerer.

Möglich ist auch die Vereinbarung einer Ratenzahlung, wenn der Erwerber den Kaufpreis nicht zum Zeitpunkt der Übergabe der Praxis in voller Höhe aufbringen kann.[73] Dann sollte aber eine angemessene Verzinsung der später zu zahlenden Raten zugunsten des Veräußerers erfolgen, z. B. 5 bis 8 % über dem Basiszinssatz der Europäischen Zentralbank (§ 288 BGB). Zusätzlich ist dann eine sog. Verfallklausel (sofortige Fälligkeit sämtlicher offenstehender Raten bei Zahlungsverzug mit einer fälligen Rate) erforderlich.

Die Ratenzahlung birgt für den Veräußerer natürlich das Risiko der Zahlungsunfähigkeit oder Insolvenz des Erwerbers. Auch dieses Risiko sollte also abgesichert werden, z. B. durch Bankbürgschaft oder Bürgschaft eines Dritten (Vorsicht bei fraglicher Bonität des Dritten), Abtretung einer Lebensversicherung, Eintragung einer Grundschuld an einem Grundstück, etc.

Tipp:

Keine Ratenzahlung ohne Bankbürgschaft – oder andere Sicherheit – des Erwerbers!

---

70 Rieger, a.a.O., Rdnr. 160; Klapp, a.a.O., 9.6.3
71 Klapp, a.a.O. 9.6.3
72 Rieger, a.a.O., Rdnr. 165
73 Rieger, a.a.O., Rdnr. 162 ff.; Klapp, a.a.O., 9.6.2

Insgesamt ist von der Vereinbarung einer Ratenzahlung aber abzuraten.[74] Wer Sicherheiten bringen kann, kann in der Regel auch den Kaufpreis finanzieren und in voller Höhe zahlen. Mit demjenigen, der dies nicht kann, sollte in der Regel auch keine Ratenzahlung vereinbart werden.

c) Leibrente o. ä.

Kaum noch praktische Bedeutung hat die Vereinbarung eines Kaufpreises in Form einer Leibrente oder gar in Form der prozentualen Beteiligung des Veräußerers an den künftigen Honorareinnahmen des Erwerbers.[75] In beiden Fällen ist der Veräußerer nämlich an das wirtschaftliche Schicksal der vom Erwerber fortgeführten Praxis gebunden. Dass dieses Risiko heutzutage wegen der Ungewissheit hinsichtlich der weiteren Entwicklung der Arzthonorare, insbesondere nach der Einführung des EBM 2000 plus am 1.4.2005 und der Regelleistungsvolumina zum 1.1.2006 oder zum 1.1.2007 besonders hoch ist, bedarf keiner weiteren Darlegung.

4 Gewährleistungsrechte

Die Gewährleistungsrechte des Erwerbers(§§ 437 – 441 BGB) für Sachmängel der Praxis (§§ 434, 453 BGB) und Rechtsmängel (§ 437 BGB) werden im Kaufvertrag – wie beim Verkauf gebrauchter Gegenstände (z. B. Pkw) allgemein üblich – so weitgehend wie möglich ausgeschlossen. Dies bedeutet, dass der Erwerber im allgemeinen später keine „Mängelbeseitigung" oder „Lieferung einer mangelfreien Sache" (eine „Nachlieferung" scheidet bei einer Arztpraxis ohnehin aus), aber auch keine „Minderung", d. h. Herabsetzung des Kaufpreises verlangen und auch nicht vom Kaufvertrag zurücktreten kann.[76]

Eine Ausnahme gilt natürlich bei arglistiger Täuschung des Erwerbers durch den Veräußerer über bestimmte Eigenschaften der Pra-

---

74 so auch Klapp, a.a.O., 9.6.2
75 so auch Rieger, a.a.O., Rdnr. 168 ff.
76 so auch Rieger, a.a.O., Rdnr. 15

I Praxisübernahmevertrag

xis bzw. bei arglistigem Verschweigen von Mängeln (§ 444 BGB),[77] z. B. bei Vorlage veränderter oder gar gefälschter Einnahmen-Überschuss-Rechnungen (auch Gewinnermittlungen genannt), betriebswirtschaftlicher Auswertungen, bei falschen Angaben über den vorhandenen Patientenstamm oder bei sonstigen unwahren Angaben. Für den Veräußerer sollte es selbstverständlich sein, seine „Zahlen" jedem ernsthaften Bewerber zugänglich zu machen. Ziert sich der Abgeber, oder verweigert er dies gar, ist vom Erwerb dieser Praxis dringend abzuraten. „Due Diligence", also die Prüfung der inneren Verhältnisse des „Unternehmens Arztpraxis", sollte heute ebenso selbstverständlich sein wie beim Unternehmenskauf!

Tipp:

Der Praxiserwerber sollte sich vor Vertragsabschluß vom Veräußerer die vom Steuerberater testierten Einnahmen-Überschuss-Rechnungen der letzten zwei bis drei abgeschlossenen Jahre, die betriebswirtschaftliche Auswertungen des vorausgegangenen und laufenden Jahres (BWA) und die Abrechnungsbescheide der Kassenärztlichen Vereinigung für diesen Zeitraum vorlegen und diese sorgfältig prüfen (lassen)!

Bei einer Täuschung ist der Käufer übrigens auch zur Anfechtung des Kaufvertrages berechtigt (§ 123 BGB) mit der Folge, dass dieser nichtig und rückabzuwickeln ist. In der Praxis ist die Rückabwicklung allerdings mit erheblichen Schwierigkeiten verbunden, da der Erwerber nach der Übernahme in der Regel erhebliche Veränderungen vorgenommen hat, z. B. Umbauten, Personalwechsel, organisatorische Änderungen, Patientenwechsel etc. Jahrelange zeitaufwändige und kostspielige Prozesse über mehrere Gerichtsinstanzen mit ungewissem Ausgang können die Folge sein.

---

77 Rieger, a.a.O., Rdnr. 18 f.

5 Übergabe der Patientenkartei bzw. EDV-Datei

a) Zustimmung der Patienten

Das Vorhandensein einer gut geführten Patientenkartei bzw. -datei ist von besonderer Bedeutung für den Praxisnachfolger. Dieser kann nur dann auf der bisherigen Arbeit des Veräußerers aufbauen und eine vom Vorgänger begonnene Behandlung sinnvoll weiterführen, wenn er sich auf dessen sorgfältig geführte Unterlagen bzw. die EDV-Datei stützen kann.

Seit einem bedeutsamen Urteil des BGH[78] wird vom Praxisveräußerer verlangt, vor der Weitergabe der Patientenunterlagen bzw. -datei an einen Nachfolger „die Zustimmung der Patienten in eindeutiger und unmissverständlicher Weise einzuholen". Eine Bestimmung in einem Praxisübergabevertrag, die den Veräußerer auch ohne Zustimmung der betroffenen Patienten verpflichtet, die Patientenkartei zu übergeben, verletzt das informationelle Selbstbestimmungsrecht des Patienten und die ärztliche Schweigepflicht. Eine solche Regelung ist wegen Verstoßes gegen ein gesetzliches Verbot nichtig (§ 134 BGB) und führt in der Regel zur Nichtigkeit des gesamten Kaufvertrages, abgesehen von einer etwaigen Strafbarkeit wegen Verstoßes gegen die ärztliche Schweigepflicht (§ 201 Abs. 1 Ziffer 1 StGB). Diese Notwendigkeit und deren Bedeutung wird von vielen Ärzten erfahrungsgemäß immer noch unterschätzt.

Tipp:

Kein Kaufvertrag ohne ausführliche und sorgfältige Regelung über die erforderliche Zustimmung der Patienten!

Anders ist dies nur dann, wenn der Praxisübernehmer vorher als Mitarbeiter in der Praxis des Veräußerers z. B. als Vertreter, Entlastungsassistent oder Job-Sharing-Angestellter für den Patienten erkennbar freien Zugang zu allen Patientenunterlagen bzw. EDV-Dateien hatte.[79] Ebenso ist es nach ständiger Rechtsprechung auch dann, wenn bei einer Gemeinschaftspraxis ein Gesellschafterwech-

---

78 BGH, NJW 1992, 737 = MedR 1992, 104; BGH vom 17.05.1995 – VIII ZR 94/94; BGH vom 22.05.1996 – VIII ZR 194/95
79 LG Darmstadt vom 09.06.1994 – 13 O 475/93, NJW 1994, 2962

sel stattfindet, d. h. ein Arzt ausscheidet und ein neuer Arzt eintritt.[80]

b) Verfahren

In welcher Form der Patient in die Weitergabe seiner Unterlagen bzw. Datei an den Praxisnachfolger einwilligen muss, hat der BGH offen gelassen. Schon wegen der Bestimmungen des Bundesdatenschutzgesetzes (BDSG) muss heute die schriftliche Zustimmung der Patienten verlangt werden. Eine Ausnahme gilt nur dann, wenn der Patient zur Weiter- oder neuen Behandlung beim Praxiserwerber erscheint, d. h. seine Zustimmung durch sog. konkludentes, d. h. schlüssiges Verhalten „erklärt". Es haben sich im wesentlichen zwei kombinierte Verfahren eingebürgert, die im Vertrag sorgfältig geregelt werden müssen:[81] Den Patienten wird im letzten Quartal vor der Praxisübergabe eine schriftliche Erklärung zur Unterschrift vorgelegt, mit der sie ihr Einverständnis zur Übergabe ihrer Unterlagen an den (konkret namentlich zu benennenden) Nachfolger erklären.[82] Bei der Patientenkartei wird das sog. „Zwei-Schrank-Modell" oder „Münchner Modell"[83] favorisiert: Der Erwerber verpflichtet sich vertraglich, die Patientenkartei und –unterlagen der nicht erschienenen bzw. nicht zustimmenden Patienten für den Veräußerer treuhänderisch in einem gesonderten „Altschrank" zu verwahren. Ferner muss er sich verpflichten, diese Unterlagen nur dann einzusehen, zu entnehmen und in den „Neuschrank" mit den zustimmenden Patienten zu überführen, wenn der jeweilige Patient schriftlich oder durch Erscheinen zur Weiterbehandlung dem zugestimmt hat. Weiter ist eine Absicherung des Veräußerers durch eine Vertragsstrafe zu Lasten des Erwerbers im Fall der Zuwiderhandlung zu vereinbaren und schließlich hat der Eigentumsübergang der Patientenkartei und der Patientenunterlagen vom Veräußerer auf den Erwerber erst bei vorliegender Zustimmung der Patienten zu erfolgen.

---

80 jetzt sogar – nach hiesiger Auffassung unzutreffend – für den Fall einer „Übergangssozietät" im Außenverhältnis mit Kaufvertrag im Innenverhältnis bei Rechtsanwaltskanzlei, BGH NJW 2001, 2462
81 Rieger, a.a.O., Rdnr. 97; Möller in Ehlers, a.a.O., Rdnr. 414 ff; Klapp, a.a.O., 9.5.3
82 Rieger, a.a.O., Rdnr. 96
83 Münchner Empfehlungen zur Wahrung der ärztlichen Schweigepflicht bei Veräußerung einer Arztpraxis" vom 08.04.1992, MedR 1992, 207

Bei einer EDV-Datei muss eine Sperrung des alten Datenbestandes mit einem gesonderten Passwort des Veräußerers erfolgen sowie die Verpflichtung des Erwerbers zum Zugriff erst bei vorliegender Zustimmung des Patienten; im Übrigen gelten die vorherigen Ausführungen zu den Patientenunterlagen entsprechend.

Tipp:

> Kein Kaufvertrag ohne Vereinbarung des „Zwei-Schrank-Modells" bzw. des „Münchner Modells"!

Bei Verletzung dieser Regeln ist in fast allen Fällen der Praxiskaufvertrag auch dann insgesamt nichtig, wenn die üblicherweise in dem Vertrag enthaltene sog. salvatorische Klausel (Heilungsklausel) nur Teilnichtigkeit vorsieht. Auf jeden Fall ist der Vertrag dann insgesamt nichtig, wenn die zu übergebende Patientenkartei im Vertrag als wesentlicher Bestandteil des Vertrages bezeichnet wurde.[84] Selbst dann, wenn die Übergabe der Patientenkartei nicht wesentlicher Bestandteil des Praxiskaufvertrages sein sollte, hilft die salvatorische Klausel nur dann weiter, wenn der Kaufpreisanteil, der auch die Patientenkartei bzw. -datei enthält, aufgeschlüsselt ist und abgegrenzt werden kann.[85] Aus diesem Grunde weisen korrekte Praxisübernahmeverträge vorsichtshalber einen gewissen Kaufpreisteil für die Patientenkartei bzw. -datei gesondert aus.

Tipp:

> Im Kaufvertrag gesonderten Teilkaufpreis für Patientenkartei bzw. -datei ausweisen!

6 Übertragung des Mietvertrages

Wesentlich für die erfolgreiche Weiterführung der erworbenen Praxis ist in der Regel auch die Übergabe der Praxisräume am gleichen Standort.[86] Kein Problem stellt dies dar, wenn die Räume dem Praxisabgeber gehören und der Praxisübernehmer sie ebenfalls

---

84 KG Berlin, MedR 1996, 220
85 BGH, NJW 1996, 773
86 Rieger, a.a.O., Rdnr. 104

kauft. Allerdings läuft der Veräußerer hierbei – wie noch näher darzustellen sein wird – möglicherweise in eine „Steuerfalle".

In der Regel werden die Praxisräume jedoch von einem Dritten angemietet sein. In diesem Fall ist es unabdingbar, dass zum Zeitpunkt des Abschlusses des Praxiskaufvertrages die schriftliche Zustimmung des Vermieters zum Eintritt des Erwerbers in den laufenden Mietvertrag und zum Ausscheiden des Veräußerers vorliegt. Ausreichend ist natürlich auch die verbindliche Erklärung des Vermieters, mit dem Erwerber einen neuen Mietvertrag abschließen zu wollen. Einige Vermieter ziehen diese Variante vor, um gleichzeitig eine Mieterhöhung durchsetzen zu können. Hiergegen kann der Erwerber in der Regel kaum etwas tun.

Tipp:

Schriftliche Zustimmung des Vermieters zur Übernahme bzw. zum Neuabschluss des Mietvertrages vor Unterzeichnung des Kaufvertrages einholen!

Insbesondere reicht es in der Regel nicht aus, dass der Veräußerer sich im Kaufvertrag bereit erklärt, die schriftliche Zustimmung des Vermieters zum Eintritt des Erwerbers in dem bestehenden Mietvertrag einzuholen und gleichzeitig versichert, der Vermieter habe ihm sein Einverständnis bereits mündlich erklärt.[87] Die Erfahrung zeigt, dass es hier trotz guten Willens nicht selten zu unvorhergesehenen Schwierigkeiten kommt.

Wenn die schriftliche Zustimmung des Vermieters (z. B. in Form einer Vereinbarung zwischen Praxisabgeber, Praxisübernehmer und Vermieter, §§ 398, 413 BGB) bei Abschluss des Kaufvertrages nicht vorliegt, z. B. weil die Verhandlungen mit dem Vermieter noch nicht abgeschlossen sind, muss der Praxiskaufvertrag unter der auflösenden Bedingung abgeschlossen werden, dass der Vermieter dem Eintritt des Erwerbers in den Mietvertrag oder einem Neuabschluss des Mietvertrages zustimmt.[88]

---

87 Rieger, a.a.O., Rdnr. 129; Klapp, a.a.O., 9.7
88 Möller in: Ehlers, a.a.O., Rdnr. 470

D Praxisübernahmevertrag, Übergangskooperation

Tipp:

Bei noch fehlender Zustimmung des Vermieters auflösende Bedingung im Kaufvertrag vereinbaren.

Andernfalls muss der Erwerber die Praxis übernehmen, kann aber nicht über die bisherigen Praxisräume verfügen – eine fatale Situation, falls andere geeignete Räume in unmittelbarer Nähe nicht gefunden werden können!

7 Übernahme des Personals

Der Erwerber tritt kraft Gesetzes in die Rechte und Pflichten aus den im Zeitpunkt der Praxisübernahme bestehenden Arbeitsverhältnissen ein (§ 613 a BGB). Der Übergang dieser Arbeitsverhältnisse auf den Praxisnachfolger kann im Übernahmevertrag nicht ausgeschlossen werden.[89] Von dieser Regelung werden Ärzte in der Lebenswirklichkeit immer wieder überrascht! Ferner haften für eine Übergangszeit von einem Jahr sowohl der Veräußerer wie auch der Erwerber für die Verpflichtungen aus den Arbeitsverhältnissen (§ 613a Abs. 2 BGB).

Dem Erwerber ist deshalb dringend zu raten, sich vom Praxisveräußerer die vorhandenen Arbeitsverträge mit allen späteren Änderungen und Ergänzungen sowie eine aktuelle Lohnliste vorlegen zu lassen.[90] Die Arbeitsverträge bzw. die schriftlichen Bestätigungen über bestehende mündliche Arbeitsverhältnisse sollten dem Praxiskaufvertrag als Anlagen beigefügt werden. Wo keine schriftlichen Arbeitsverträge bestehen, sollte sich der Erwerber vom Veräußerer in einer dem Kaufvertrag beizufügenden Liste schriftlich bestätigen lassen, welche Vereinbarungen mit dem Veräußerer getroffen worden sind.

Tipp:

Alle aktuellen Arbeitsverträge mit Änderungsvereinbarungen und aktuelle Gehaltsbescheinigungen vom Veräußerer vorlegen lassen. Auch Arzthelferinnen im Mutterschutz oder Erziehungsurlaub nicht vergessen!

---

89 BAG, NJW 1982, 1607; BAGE 55, 228
90 Rieger, a.a.O., Rdnr. 134

I Praxisübernahmevertrag

Ferner müssen der Veräußerer oder der Erwerber die von dem Betriebsübergang betroffenen Arzthelferinnen vorher über Zeitpunkt und Grund des Übergangs, die rechtlichen, wirtschaftlichen und sozialen Folgen des Übergangs sowie über die für die Arbeitnehmer in Aussicht genommenen Maßnahmen schriftlich informieren (§ 613 a Abs. 5 BGB).

Dem einzelnen Arbeitnehmer steht es dann frei, dem Übergang seines Arbeitsverhältnisses auf den Erwerber innerhalb eines Monats zu widersprechen (§ 613 a Abs. 6). Der Widerspruch kann gegenüber dem Veräußerer wie auch dem Erwerber erklärt werden. Widerspricht er, bleibt er Arbeitnehmer des Veräußerers, der allerdings dann betriebsbedingt ordentlich kündigen kann, und zwar wegen Betriebsaufgabe.[91] Die ordentlichen Kündigungsfristen müssen hierbei allerdings eingehalten werden.

Tipp:

Arzthelferinnen unbedingt mindestens drei, ggf. sogar sechs Monate vor dem Übergang der Praxis schriftlich informieren!

Andernfalls kann es vorkommen, dass eine erst einen Monat vorher informierte Arzthelferin kurz vor Ablauf der Widerspruchsfrist widerspricht. Hat diese wegen langjähriger Betriebszugehörigkeit z. B. eine Kündigungsfrist von drei Monaten, muss der Veräußerer noch drei Monate weiterhin das Gehalt zahlen, kann die Helferin aber mangels Arztpraxis nicht beschäftigen, wohingegen beim Erwerber eine Arbeitskraft fehlt.

Unterbleibt die schriftliche Information über den Betriebsübergang oder ist die Information falsch oder unverständlich, wird die Widerspruchsfrist nicht in Gang gesetzt. Folge: Der Widerspruch kann in diesem Fall bei längeren Kündigungsfristen auch noch nach dem Betriebsübergang erklärt werden. Dies bedeutet ein erhebliches finanzielles Risiko für den Veräußerer![92] Unabhängig von diesen Regelungen gilt bei mehr als fünf Angestellten (ohne Auszubildende) auch noch das KSchG, bei bis zu 10 Angestellten

---

91 Rieger, a.a.O., Rdnr. 139
92 anders Rieger, a.a.O., Rdnr. 140, der die praktische Bedeutung dieser Regelungen als gering ansieht

gilt das KSchG nicht für solche Arbeitskräfte, die ab dem 1.1.2004 neu eingestellt worden sind (§ 23 Abs. 1 KSchG).

8 Sonstige laufende Verträge

Auch die übrigen laufenden Verträge sollte sich der Erwerber vom Veräußerer vorlegen lassen. Denkbar sind insbesondere Leasingverträge für ärztliche und sonstige Geräte und Einrichtungsgegenstände, z. B. Ultraschallgerät, EDV, Telefonanlage, Fotokopierer, etc., Verträge über Telefonanschluß, Versicherungsverträge, Stromversorgungsverträge bis zu Verträgen über Zeitschriftenabonnements.

Tipp:

Alle sonstigen laufenden Verträge vom Veräußerer vorlegen lassen!

Alle Verträge, die vom Erwerber übernommen werden, müssen im Vertrag erwähnt und sollten ebenfalls als Anlage dem Kaufvertrag beigefügt werden. Im übrigen gelten die vorstehenden Ausführungen zur Übernahme des Mietvertrages hier entsprechend. Einer auflösenden Bedingung für den Fall der Nichtzustimmung der betreffenden Vertragspartner bedarf es allerdings in diesem Fall nicht, dafür aber einer Freistellungsverpflichtung des Erwerbers gegenüber dem Veräußerer.[93]

9 Honorarforderungen/Verbindlichkeiten/ Rechnungsabgrenzungen

Im Kaufvertrag wird üblicherweise geregelt, dass die bis zum Übergabestichtag entstandenen Honorarforderungen noch dem Veräußerer zustehen und er deren Einziehung selbst übernimmt. Selten werden auch die offenen Honorarforderungen mitverkauft. Ist dies doch der Fall, muss der Kaufpreis natürlich entsprechend erhöht werden, und zwar um den mutmaßlichen Wert der offenen Forderungen, ggf. abzüglich eines Risikoabschlags für nicht einbringliche Privathonorare.

---

93 Klapp, a.a.O., 9.9

In der Praxis führt die übliche Regelung dazu, dass der Veräußerer noch über Monate über weiterlaufende Honorareinnahmen verfügt, der Erwerber ab dem Stichtag der Übergabe aber erst einmal neue Honorarforderungen „aufbauen" muss. Die Kosten der Praxis treffen den Erwerber indessen sofort nach Übernahme in voller Höhe. Da die vom Erwerber neu zu erarbeitenden Honorare erst um Monate später bei ihm eingehen, führt dies in der Regel zu einer erheblichen Liquiditätslücke. Diese Liquiditätslücke kann nur mit dem Einsatz von – oft nicht vorhandenem – Eigenkapital oder durch einen Kontokorrentkredit der finanzierenden Bank aufgefangen werden. Dieser muss dann sukzessive später wieder abgebaut werden, was ca. zwei bis drei Jahre dauern kann! Hierzu braucht der Erwerber gute Nerven, und – wie schon vorher bei der Finanzierung – eine professionelle Bank, die einen entsprechenden Kreditrahmen zusätzlich zum Kaufpreis bereitstellt.

Tipp:

Großzügigen Kontokorrentkreditrahmen des Erwerbers mit der Bank vereinbaren!

Verbindlichkeiten, die bis zum Stichtag der Übergabe entstanden sind, übernimmt üblicherweise ebenfalls noch der Veräußerer. Ein Haftungsproblem des Erwerbers ergibt sich insoweit nicht – anders als beim Eintritt in eine bereits bestehende Gemeinschaftspraxis.

10 Konkurrenzschutzklausel/Wettbewerbsverbot

a) Sinn und Zweck

Grundsätzlich sollte jeder Praxisübernahmevertrag eine Konkurrenzschutzklausel (auch Wettbewerbsklausel oder Rückkehrverbot genannt) enthalten. Hierdurch soll es dem Veräußerer untersagt werden, sich innerhalb eines bestimmten Zeitraums nach Abgabe der Praxis am selben Ort oder in dessen Nähe neuerlich als Arzt niederzulassen. Andernfalls besteht für den Erwerber die nicht zu unterschätzende Gefahr, dass sich der für teures Geld erworbene sog. Goodwill zugunsten des Veräußerers in Kürze verflüchtigt, d. h. die Patienten „zurückwandern".

Inhaltlich muss das Verbot heute nicht nur die nochmalige Niederlassung umfassen, die wegen der Übertragung der Zulassung auf den Erwerber in gesperrten Planungsbereichen ohnehin allenfalls privatärztlich möglich ist, z. B. mit der nicht selten anzutreffenden „Privatpraxis im eigenen Wohnhaus". Vielmehr muss auch die Tätigkeit des Veräußerers in einer Gemeinschaftspraxis, in einem Medizinischen Versorgungszentrum und in einer ärztlichen Kooperationsgemeinschaft ausgeschlossen werden, ferner auch die Tätigkeit als Job-Sharing-Partner und Job-Sharing-Angestellter. Die bisher üblichen Wettbewerbsklauseln reichen also nicht mehr aus.

Tipp:

Wettbewerbsverbot inhaltlich auch auf eine Tätigkeit in einem Medizinischen Versorgungszentrum sowie als dort angestellter Arzt erstrecken!

b) Zeitliche und räumliche Ausgestaltung

Nach der Rechtsprechung des BGH ist ein solches Wettbewerbsverbot grundsätzlich zulässig, wenn es zeitlich und räumlich begrenzt ist.[94] Die maximale Dauer eines Rückkehrverbots hängt vom Einzelfall ab. Die zeitliche Obergrenze betrug nach der Rechtsprechung früher maximal fünf Jahre.[95] Da die Rechtsprechung zur Dauer von Wettbewerbsverboten in den letzten Jahren erkennbar restriktiver geworden ist, sollte heute sicherheitshalber bei einer Praxisveräußerung ein maximaler Zeitraum von drei Jahren, bei der Veräußerung eines Gemeinschaftspraxisanteils höchstens von zwei Jahren vereinbart werden.[96]

Tipp:

Bei Praxisverkauf Wettbewerbsverbot von maximal drei Jahren Dauer, bei Verkauf eines Gemeinschaftspraxisanteils von maximal zwei Jahren Dauer vereinbaren.

---

94 BGH, NJW 1986, 2944; BGH, NJW 1986, 2995
95 OLG Koblenz, MedR 1994, 450; OLG Karlsruhe, MedR 1995, 156; LG Limburg, MedR 1997, 221
96 BGH, NJW 1955, 337; BGH, NJW 1999, 741; BGH, NJW 2000, 2584; BGH vom 29.09.2003 – II ZR 59/02

I Praxisübernahmevertrag

Das zulässige Maß der örtlichen Begrenzung eines Wettbewerbsverbots richtet sich nach dem jeweiligen Einzugsbereich der Praxis, wobei es auf die Luftlinie, nicht die Straßenkilometer ankommt,[97] Bei einer großstädtischen Allgemeinpraxis bzw. Zahnarztpraxis beträgt die zulässige Begrenzung auf einen Stadtteil oder einen Umkreis 5 bis 10 Kilometer.[98] Facharztpraxen, z. B. eine orthopädische Praxis, können auch in Großstädten einen größeren Einzugsbereich von 20 Kilometern vom Stadtmittelpunkt haben;[99] in der Regel wird hier jedoch nur ein deutlich kleinerer Umkreis von ca. 2 bis 5 Kilometern zulässig sein. Bei einer kleinstädtischen Zahnarztpraxis ist ein Niederlassungsverbot im Umkreis von 20 Kilometern zulässig.[100] Auch bei einer Allgemeinpraxis in einem im wesentlichen ländlich strukturierten Gebiet ist die Vereinbarung eines Wettbewerbsverbots im Umkreis von 20 Kilometern zulässig.[101] Auch hier geht die Tendenz in der Rechtsprechung neuerdings eher zu engeren Umkreisen.

Tipp:

Wettbewerbsverbot räumlich individuell je nach Einzugsbereich der Praxis festlegen!

Bei der Überschreitung der zeitlichen Grenze des Wettbewerbsverbots kann dieses im Streitfall durch das Gericht gegebenenfalls aufrechterhalten werden, und zwar im Rahmen einer angemessenen kürzeren Laufzeit (sog. geltungserhaltende Reduktion).[102] Dies gilt aber nicht bei räumlich überdehnten und bei zeitlich und räumlich überzogenen Konkurrenzklauseln – diese sind unheilbar nichtig![103]

---

97 OLG Koblenz, MedR 1994, 450; OLG Koblenz, MedR 1994, 367
98 OLG Schleswig-Holstein, MedR 1993, 22; OLG Frankfurt, GesR 2005, 89
99 OLG Karlsruhe, MedR 1995, 156
100 OLG Koblenz, MedR 1994, 459
101 OLG Frankfurt a.M. vom 25.02.1997 – 8 U 192/96
102 BGH, DStR 1997, 1413; OLG Koblenz, MedR 1994, 450
   BGH, NJW 1986, 2944; NJW 1991, 699; NZW-RR 1996, 741
103 Möller in: Ehlers, a.a.O., Rdnr. 489
   OLG Koblenz, MedR 1994, 367; OLG Schleswig-Holstein, MedR 1993, 22; OLG München, MedR 1996, 567; LG Stuttgart vom 20.11.1998 – 2 U 204/96; OLG Koblenz vom 28.02.1996 – 1 W 21/96; vgl. aber LG Limburg, MedR 1997, 221

Tipp:

Räumliche Grenze des Wettbewerbsverbots sorgfältig prüfen; i.d.R. nicht mehr als ca. 5 bis 10 Kilometer, nur in Ausnahmefällen bis zu 20 Kilometern!

11 Vertragsstrafe

Das Wettbewerbsverbot sollte durch eine Vertragsstrafe abgesichert werden.[104] Wird dies unterlassen, hat der Erwerber im Fall des Weiterpraktizierens des Veräußerers zwar einen Unterlassungsanspruch, der auch gerichtlich durch eine einstweilige Verfügung durchgesetzt werden kann. Besser für den Erwerber ist allerdings, wenn der Veräußerer aufgrund der vereinbarten Vertragsstrafe einen erheblichen Geldbetrag an den Veräußerer bezahlen muss. Eine solche finanziell empfindliche Sanktion ist deutlich wirksamer!

Tipp:

Wettbewerbsverbot des Veräußerers durch Vertragsstrafe absichern! Es kann eine feste, pauschalisierte Vertragsstrafe, z. B. EUR 100.000,– vereinbart werden.

Der Erwerber hat dann im Fall eines Verstoßes des Veräußerers ein Wahlrecht zwischen dem Unterlassungsanspruch und der Vertragsstrafe (§ 340 Abs. 1 BGB). Allerdings besteht die Gefahr der späteren Herabsetzung durch das Gericht, falls diese unangemessen hoch sein sollte (§ 343 BGB). Üblicherweise wird die Vertragsstrafe im Kaufvertrag so vereinbart, dass der für den sog. Goodwill gezahlte Kaufpreis im Fall des Verstoßes durch den Veräußerer ganz oder zumindest teilweise zurückbezahlt werden muss.

Denkbar – und wohl auch zweckmäßiger – ist statt der Vereinbarung eines festen Betrages, eine Staffelung, die z. B. bei Vereinbarung eines Wettbewerbsverbots von 5 Kilometern im Umkreis Folgendes vorsieht: Rückzahlungspflicht von 20 % des für den Good-

---

104 Möller in: Ehlers, a.a.O., Rdnr. 491

will bezahlten Kaufpreisanteils bei Niederlassung des Veräußerers zwischen Kilometer 4 und Kilometer 5, von 40 % bei Niederlassung des Veräußerers zwischen Kilometer 3 und Kilometer 4, von 60 % bei Niederlassung zwischen Kilometer 2 und Kilometer 3, von 80 % bei Niederlassung zwischen Kilometer 1 und Kilometer 2 und von 100 % bei Niederlassung zwischen Kilometer 0 und Kilometer 1 im Umkreis der veräußerten Praxis.

Tipp:

Rückkehrverbot ggf. durch gestaffelte Vertragsstrafe abhängig vom Umkreis der Neuniederlassung absichern!

12 Schiedsgerichtsklausel/Schlichtungs- oder Mediationsklausel

Immer noch wird gelegentlich die Vereinbarung eines sog. Schiedsverfahrens, d. h. die Entscheidung etwaiger Streitigkeiten von Veräußerer und Erwerber durch ein privates Schiedsgericht statt der Anrufung eines ordentlichen (staatlichen) Gerichts empfohlen.

Die Vorteile eines Schiedsgerichts sind zwar in der Tat die Diskretion und die (häufig) kürzere Verfahrensdauer, da in der Regel nur eine Instanz durchgeführt wird. Der Ausschluss der Öffentlichkeit ist insbesondere im Hinblick auf den Praxiswertverfall bei einer Auseinandersetzung von Vorteil. Das Schiedsgericht hat aber nur eine Instanz und es gibt keine Möglichkeit, in Berufung zu gehen. Beide Parteien sind dann an den Schiedsspruch dieser einen Instanz gebunden – das kann in manchen Fällen von Vorteil, in anderen von Nachteil sein. Der Nachteil liegt bei geringeren Streitwerten in den häufig höheren Kosten, da die privaten Schiedsrichter in der Regel wie Rechtsanwälte bezahlt werden, das hängt aber nicht zuletzt von der Schiedsordnung ab. Die Besetzung des Schiedsgerichts kann in der vertraglichen Schiedsklausel vorher vereinbart werden und ist dringend zu empfehlen, da nur so Einfluß auf die Kompetenz der Schiedsrichter ausgeübt werden kann.

Nach hier vertretener Auffassung spielt daher einiges für die staatlichen Gerichte und eher gegen das private Schiedsverfahren.[105] Staatliche Gerichte arbeiten zumeist professioneller, oft auch schneller als private Schiedsgerichte. Und es gibt das Rechtsmittel der Berufung zur Korrektur (tatsächlicher oder vermeintlicher) Fehlurteile, auch wenn der Gesetzgeber zugegebenermaßen diese Rechtsmittel in den letzten Jahren bedauerlicherweise immer mehr eingeschränkt hat. Allerdings: Leidvolle praktische Erfahrungen zeugen davon, dass auch staatliche Gerichte gelegentlich vor klassischen Fehlurteilen nicht gefeit sind – aus welchen Gründen auch immer.

Tipp:
Grundsätzlich keine Schiedsgerichtsklausel vereinbaren!

Nichts einzuwenden ist allerdings gegen Schlichtungs- oder sog. Mediationsklauseln, die die zwingende Durchführung eines außergerichtlichen Einigungsversuches beispielsweise bei der Ärztekammer oder einem professionellen Mediator (zumeist ein hierauf spezialisierter Rechtsanwalt) vorschreiben, bevor Klage vor einem Schieds- oder staatlichen Gericht erhoben wird. Ein vermiedener Prozess ist (fast) immer besser, als ein (mit ungewissen Ergebnissen) geführter.[106]

13 Zustimmung des Ehepartners (§ 1365 BGB)

Oft übersehen wird, dass zur Veräußerung der Arztpraxis die Zustimmung des Ehepartners erforderlich ist, falls diese das ganze oder nahezu das ganze Vermögen des Veräußerers darstellt. Dies ist dann der Fall, wenn das sonstige Vermögen des Veräußerers weniger als 10 % des Wertes der Arztpraxis ausmacht.[107] Fehlt die Zustimmung, ist der Kaufvertrag schwebend unwirksam, bis ggf. eine Entscheidung des Vormundschaftsgerichts herbeigeführt wird. In den Vertrag sollte daher aufgenommen werden, dass der

---

105 anders Möller in: Ehlers, Rdnr. 498; Rieger, a.a.O., Rdnr. 199; unentschieden Klapp, a.a.O., 9.16
106 Rieger, a.a.O., Rdnr. 197; Möller in: Ehlers, a.a.O., Rdnr. 497; Klapp, a.a.O., 9.16
107 BGH, NJW 1991, 1739

Ehepartner zugestimmt hat, allerdings sollte dies dann auch stimmen!

Tipp:
An ggf. erforderliche Zustimmung des Ehepartners denken!

14 Genehmigungserfordernisse

Genehmigungserfordernisse für einen Praxisübernahmevertrag existieren nicht. § 24 MBO-Ä sieht vor, dass der Arzt alle Verträge über seine ärztliche Tätigkeit vor dem Abschluss der Ärztekammer vorlegen soll. Es handelt sich jedoch hierbei um eine reine Sollvorschrift. Auch den Kassenärztlichen Vereinigungen steht weder ein Einsichts- noch ein Genehmigungsrecht zu.

II Alternative: Gründung einer Übergangskooperation?

Ob alternative Übergangskooperationen, d. h. die für einen beschränkten Zeitraum, z. B. zwei bis drei Jahre vereinbarte Bildung einer Gemeinschaftspraxis zwischen dem abgabewilligen und erwerbswilligen Arzt Sinn macht, kann nur im Einzelfall beantwortet werden.

Die Vorteile für den Erwerber liegen darin, dass bei einer solchen Übergabe nach dem „Prinzip des sanften Übergangs" eine höhere Patientenbindung erreicht wird und die bereits angesprochene Liquiditätslücke im ersten Jahr der Übernahme weitgehend vermieden wird. Die Vorteile für den Veräußerer liegen darin, dass er sich sukzessive aus dem Berufsleben zurückziehen, auf den Ruhestand vorbereiten und ein Bruch bei der Übertragung der Patienten eher vermieden werden kann. Die Nachteile für beide liegen in den vorübergehend geringeren, weil aufzuteilenden Honorareinkünften.

In nicht gesperrten Gebieten ist die Übergangskooperation zulassungsrechtlich unproblematisch, da der Seniorpartner – soweit nicht die Altersgrenze greift – seine Zulassung zur Teilnahme an der vertragsärztlichen Versorgung bis zur endgültigen Aufgabe seiner Tätigkeit behalten und der Juniorpartner für die Kooperation eine neue erhalten kann. Die Übergangskooperation ist hier vertragsarztrechtlich auch in Form der Gemeinschaftspraxis möglich.

In gesperrten Gebieten wird der Juniorpartner nur die vertragsärztliche Zulassung des Seniorpartners übernehmen und der Seniorpartner weiterhin als bloßer Privatarzt tätig sein können. Die Übergangskooperation ist dann vertragsarztrechtlich lediglich in Form der Praxisgemeinschaft möglich. Eine Gemeinschaftspraxis kann daneben nur im privatärztlichen Bereich gebildet werden.[108] Eine weitere Möglichkeit bietet die Job-Sharing-Gemeinschaftspraxis (§ 101 Abs. 1 Ziffer 4. SGB V). Darauf wird noch näher einzugehen sein.

III Vertrag über die Übernahme eines Anteils an einer Gemeinschaftspraxis

1 Rechtsnatur

Die wirksame Übertragung eines Anteils an einer Gemeinschaftspraxis erfordert den Abschluss eines Kaufvertrages (§§ 433 ff. BGB), in dem sich der aus der Gemeinschaftspraxis ausscheidende Gesellschafter verpflichtet, seinen Gesellschaftsanteil auf den Erwerber zu übertragen.[109] Hierbei handelt es sich – anders als beim Kauf einer Einzelpraxis – um einen sog. Rechtskauf (§ 453 BGB). Ferner ist der Abschluss eines sog. Abtretungsvertrages erforderlich, mit dem der ausscheidende Gesellschafter seinen Gesellschaftsanteil auf den neuen eintretenden Gesellschafter überträgt, und die Zustimmung des bzw. der verbleibenden Gesellschafter. Die Zustimmung des bzw. der verbleibenden Gesellschafter kann schon im (bisherigen) Gemeinschaftspraxisvertrag erklärt worden sein. Kauf und Abtretung erfolgen in der Regel in einem einheitlichen Vertrag, dem Kauf- und Abtretungsvertrag oder sog. Anteilsübertragungsvertrag.

---

108 dazu näher Möller, MedR 2003, 195; Cramer, MedR 2004, 552
109 Wollny, a.a.O., Rdnr. 722 ff.

2 Form

Eine Schriftform ist für den Kauf- und Abtretungsvertrag ebenfalls nicht vorgeschrieben, empfiehlt sich aber aus den bereits oben dargelegten Gründen. Selbst wenn die Gemeinschaftspraxis Eigentümerin der Praxisräume sein sollte, ist eine notarielle Beurkundung des Vertrages nicht erforderlich,[110] da „nur" der Gesellschaftsanteil veräußert wird und die Immobilie mit diesem untrennbar verbunden ist.

3 Übernahme durch verbleibenden Gesellschafter oder Gesellschafterwechsel

Konstruktiv bestehen bei der Übernahme des Anteils an einer Gemeinschaftspraxis zwei Möglichkeiten: Entweder der verbleibende Gesellschafter übernimmt den Gesellschaftsanteil des ausscheidenden Gesellschafters gegen Zahlung einer entsprechenden Abfindung und führt die bisherige Gemeinschaftspraxis als Einzelpraxis oder mit einem Nachfolger seiner Wahl fort oder der ausscheidende Gesellschafter überträgt seinen Gesellschaftsanteil an einen Dritten, der neuer Gesellschafter wird, sog. Gesellschafterwechsel durch Doppelvertrag.[111]

4 Rechtsfolgen

Durch die Übertragung eines Gesellschaftsanteils gehen alle Rechte und Pflichten des ausscheidenden Gesellschafters aus dem Gemeinschaftspraxisvertrag auf den Eintretenden über. Dies gilt auch für den Mietvertrag, Anstellungsverträge mit dem Personal, Leasingverträge über Geräte, Inventar, etc. Der eintretende Partner erwirbt daher über den Gesellschaftsanteil auch eine entsprechende Berechtigung an den materiellen Praxisgegenständen, aber auch am Goodwill.[112]

---

110 Münchner Kommentar/Ulmer, §719 Rdnr. 26
111 BGH vom 22.09.1993 – IV ZR 1983/92
112 Rieger, a.a.O., Rdnr. 213

D *Praxisübernahmevertrag, Übergangskooperation*

5 Haftung für Altverbindlichkeiten

Aufgrund der neueren Rechtsprechung des BGH[113] ist eine Gesellschaft bürgerlichen Rechts, also auch eine Gemeinschaftspraxis nunmehr prozess- und rechtsfähig. Folgerichtig hat die Rechtsprechung daraufhin in zwei weiteren Entscheidungen die persönliche Haftung eines in eine Gesellschaft bürgerlichen Rechts eintretenden Neugesellschafters für Altverbindlichkeiten,[114] insbesondere gesetzliche Verbindlichkeiten[115] und vertragliche Verbindlichkeiten (z. B. Altschulden aus früheren Investitionen)[116] bejaht (§ 130 HGB). Dies gilt allerdings nicht für die sog. Altfälle vor dem Bekanntwerden dieser Entscheidung.[116] Bis auf weiteres offen geblieben ist lediglich noch die Mithaftung für Berufsversehen (entgegen § 8 Abs. 2 PartGG analog)[117] und für Honorarrückforderungen bzw. Arzneimittelregresse der Kassenärztlichen Vereinigung.[118]

Diese Haftung kann im Außenverhältnis praktisch nicht bzw. nur durch eine in der Regel wohl kaum realisierbare Vereinbarung mit den Gläubigern ausgeschlossen werden.

Tipp:

Daher: unbedingt eine Freistellungsverpflichtung des Veräußerers gegenüber dem Erwerber aufnehmen, ggf. sogar Absicherung im Vertrag durch Bankbürgschaft!

Eine Bankbürgschaft geht jedoch – hierauf muss ausdrücklich hingewiesen werden – ins Leere, wenn der Veräußerer zahlungsunfähig ist. Die dargelegten neueren Haftungsgrundsätze der Rechtsprechung gelten allerdings nicht bei der erstmaligen Begründung einer Gesellschaft bürgerlichen Rechts, d. h. z. B. beim Zusammenschluss zweier Partner zu einer neuen (Übergangs-) Gemein-

---

113 BGH, NJW 2001, 1056
114 ausführlich hierzu Möller, MedR 2004, 69
115 BGH, MedR 2003, 632
116 BGH, MedR 2003, 634
117 BGH, MedR 2003, 634; bejahend aber bereits LG Hamburg vom 11.05.2004, BRAK-Mitt. 2004, 217 (nicht rechtskräftig); LG Frankenthal, NJW 2004, 3190
118 dagegen wohl BSG vom 21.05.2003 – B 6 Ka 33/02 R; ebenso Möller, MedR 2004, 69

schaftspraxis.[119] Und eines darf nicht übersehen werden: Unabhängig von den vorstehenden Ausführungen haftet der ausscheidende Gesellschafter für während der bestehenden Gemeinschaftspraxis begründete Verbindlichkeiten zunächst weiter, und zwar bis zum Ablauf von fünf Jahren nach seinem Ausscheiden (§§ 736 Abs. 2 BGB, 160 Abs. 1 HGB).

6 Anzeige- und Genehmigungspflichten

Die durch den Eintritt eines Gesellschafters personell veränderte, d. h. neue Gemeinschaftspraxis ist der Ärztekammer (§ 24 MBO-Ä) anzuzeigen und vom Zulassungsausschuss der KV zu genehmigen (§ 33 Abs. 2 Ärzte-ZV).

---

119 BGH, MedR 2004, 384

E Nachbesetzungsverfahren und sonstige Möglichkeiten der vertragsärztlichen Zulassung

I Nachbesetzungsverfahren

Bis zum Inkrafttreten des GSG 1993 gab es für Ärzte keine Probleme, eine vertragsärztliche Zulassung zu erhalten. Am dem 1.1.1993 trat hier eine grundlegende Änderung ein.

1 Gebiete ohne Zulassungsbeschränkungen („nicht gesperrte Gebiete")

In den nicht gesperrten Gebieten hat sich zulassungsrechtlich durch das GSG 1993 nichts geändert. Auch im nicht gesperrten Gebiet muss jedoch darauf geachtet werden, dass die Zulassung bei einem vom Praxisabgeber ungeschickterweise erklärten Verzicht nach Eingang beim Zulassungsausschuss der KV unwiderruflich erlischt (§§ 95 Abs. 7 Satz 1 SGB V, 28 Abs. 1 Ärzte-ZV).

Die Zulassung endet in diesem Fall mit dem Ende des auf den Zugang der Verzichtserklärung beim Zulassungsausschuss folgenden Quartals. Von dieser Erklärung kann sich der betreffende Arzt nicht mehr lösen, auch der Zulassungsausschuss ist hieran gebunden.[120]

Tipp:

In jedem Fall Vorsicht mit dem vorbehaltlosen Verzicht auf die Zulassung!

---

120 BSG vom 08.05.1996, E 78, 175; BSG vom 06.10.1998, SozR 5503, Art. 2 § 6

Tritt dieser Fall ein, kann durch die Zeitverzögerung zwischen der Beendigung der Zulassung des Abgebers und dem Erhalt der Zulassung des Nachfolgers das Problem entstehen, dass ein Teil der Patienten bereits abgewandert ist.

2 Gebiete mit Überversorgung („gesperrte Gebiete")

Problematischer ist seit dem GSG 1993 das Zulassungsverfahren in gesperrten Gebieten (§ 103 Abs. 4 SGB V). In gesperrten Planungsbereichen ist – von der Ausnahme einer vorübergehenden „Entsperrung" abgesehen – der Erhalt einer freien Zulassung aufgrund der Zulassungsbeschränkungen nicht mehr möglich. Hier sind nur noch Zulassungen möglich im Rahmen des Nachbesetzungsverfahrens (§§ 103 Abs. 4 und 5 SGB V), des qualifizierten Sonderbedarfs (§ 101 Abs. 1 Ziffer 3. SGB V), des Job-Sharings (§ 101 Abs. 1 Ziffer 4. SGB V) oder der außerordentlichen Belegarztzulassung (§ 103 Abs. 7 SGB V).

Schon seit einiger Zeit ist von der Rechtsprechung entschieden worden, dass die Zulassungsbeschränkungen nicht wegen Verstoßes gegen die Berufsfreiheit (Art. 12 GG) oder den Gleichheitsgrundsatz (Art. 3 GG) verfassungswidrig sind, solange es in Deutschland generell noch Niederlassungsmöglichkeiten gibt.[121] Die entscheidende Passage in dem Urteil lautet: „Der Schutzbereich des Grundrechts der Berufsfreiheit ist unzweifelhaft betroffen, jedoch lässt sich der Eingriff durch die Annahme des Gesetzgebers rechtfertigen, dass eine unkontrolliert steigende Zahl von Ärzten und Zahnärzten zu extrem steigenden Gesundheitskosten führen würde. Mehr Ärzte verursachen auch mehr Leistungen."

Allerdings wirft dies die Frage auf, ob und wann das jetzige System ggf. „verfassungswidrig wird": Reicht es aus, wenn für eine Fachgruppe alle Zulassungsbezirke gesperrt sind? Oder müssen für alle Fachgruppen praktisch alle Zulassungsbezirke gesperrt sein? Trotz der Eingriffe des Gesetzgebers war zunächst folgende Zahlenentwicklung der an der vertragsärztlichen Versorgung teilnehmenden Ärzte (ohne Job-Sharing-Ärzte und ermächtigte Ärzte) festzustel-

---

121 BSGE 79, 152 = MedR 1997, 282

I Nachbesetzungsverfahren

len:[122]1990: 88.811, 1994: 106.240, 1996: 109.118, 1998: 112.683, 2002: 116.965 und 2003: 116.695

Mit anderen Worten: Erst im Jahre 2003 ist ein leichter Rückgang der Ärztezahlen festzustellen gewesen. Der Rückgang an Vertragsärzten betrug 2003 aber lediglich 0,2% bzw. 270 Ärzte bzw. Ärztinnen. Rückläufig sind insbesondere die Zahlen bei Allgemein-, Augen-, Kinder-, und Nervenärzten. Chirurgen, Frauenärzte, HNO-Ärzte, Internisten, Orthopäden, Radiologen und Urologen hatten dagegen geringe Zugänge.[122] Gleichzeitig steigt aber die Überalterung der Vertragsärzte: 2002 betrug das Durchschnittsalter bereits 50,1 Jahre. Umgekehrt sinkt die Zahl der berufstätigen Ärzte unter 35 Jahren. Deren Anteil betrug im Jahr 2002 nur noch 17,0%.

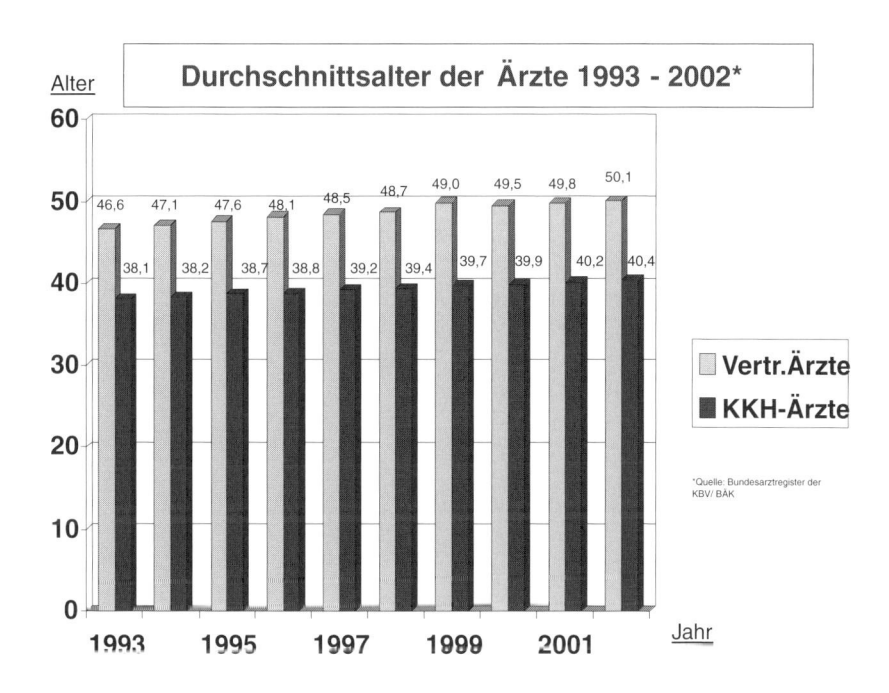

Durchschnittsalter der Ärzte 1993 - 2002*

Jahr	Vertr.Ärzte	KKH-Ärzte
1993	46,6	38,1
1994	47,1	38,2
1995	47,6	38,7
1996	48,1	38,8
1997	48,5	39,2
1998	48,7	39,4
1999	49,0	39,7
2000	49,5	39,9
2001	49,8	40,2
2002	50,1	40,4

*Quelle: Bundesarztregister der KBV/ BÄK

---

122 Kassenärztliche Bundesvereinigung, Bundesarztregister 2004

Anteil der unter 35-jährigen Ärzte an allen berufstätigen Ärzten 1991 - 2002*

Jahr	Anteil in %
1991	27,4
1992	27,2
1993	26,6
1994	26,1
1995	24,8
1996	23,8
1997	22,0
1998	20,9
1999	19,7
2000	18,8
2001	18,1
2002	17,0

* Quelle: Bundesarztregister der BÄK

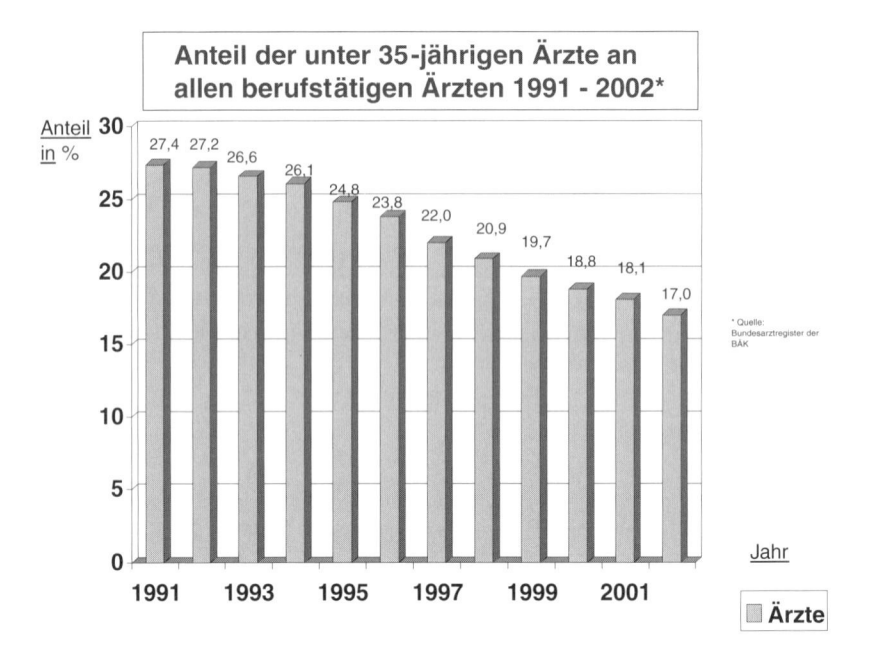

Der Grund ist nicht eine „massenhafte Flucht aus dem System", sondern die mangelnde Bereitschaft, in der kurativen Patientenversorgung tätig zu werden. Die natürliche Folge ist, dass die Chancen eines erfolgreichen Praxisverkaufs in den letzten Jahren stetig gesunken sind, jedenfalls außerhalb von Ballungs- und/oder „attraktiven" Gebieten. In letzter Zeit bieten sich aber erfreulicherweise neue Chancen für den Praxisverkauf wegen der „Sogwirkung" der durch das GMG 2004 zum 01. 01. 2004 eingeführten MVZ, deren Bedarf an Zulassungen – wie schon oben ausgeführt – für eine Belebung der Nachfrage sorgen dürfte.

3 Nachbesetzungsverfahren zu Gunsten eines ärztlichen Nachfolgers

In Gebieten mit Zulassungsbeschränkungen kann der Praxisinhaber bei Beendigung der Zulassung durch Erreichen der Altersgrenze, Verzicht oder Entziehung bzw. bei Tod dessen Erben den Nachfolger nicht mehr selbst frei auswählen. Soll die Praxis von einem Nachfolger fortgeführt werden, ist der Vertragsarztsitz auf Antrag des ausscheidenden Arztes bzw. seiner Erben von der zuständigen Kassenärztlichen Vereinigung in den amtlichen Blättern auszuschreiben (§ 103 Abs. 4 und Abs. 5 SGB V).

Der Zulassungsausschuss sowie der ausscheidende Arzt bzw. seine Erben erhalten dann eine Liste der eingehenden Bewerbungen. Der Zulassungsausschuss hat den Nachfolger nach pflichtgemäßem Ermessen auszuwählen. Auf die einzelnen Auswahlkriterien wird noch unten einzugehen sein.

Die Durchführung des Nachbesetzungsverfahrens setzt voraus, dass die Praxis von einem Nachfolger fortgeführt werden soll. Die vom bisherigen Praxisinhaber versorgten Patienten müssen also durch den Nachfolger weiterbehandelt werden können. Hieran fehlt es, wenn – wie schon oben ausführlich dargestellt – die fortzuführende Praxis nicht mehr existiert.[123]

4 Nachbesetzungsverfahren nach § 103 Abs. 4 a SGB V zu Gunsten von Medizinischen Versorgungszentren

a) Gründung und Erweiterung von MVZ

Auch das MVZ unterliegt der Bedarfsplanung in überversorgten Gebieten: Wo Zulassungsbeschränkungen angeordnet sind, können MVZ nicht zugelassen werden bzw. eine Zulassung nur im Wege des Nachbesetzungsverfahrens (§ 103 Abs. 4 a und 5 SGB V) erhalten. Hierzu gibt es zwei Möglichkeiten:

Niedergelassene Vertragsärzte in einem zulassungsbeschränkten Planungsbereich können auf ihre Zulassung verzichten, um sich in einem MVZ anstellen zu lassen (§ 103 Abs. 4 a Satz 1 SGB V). Der Zulassungsausschuss hat die Anstellung in diesem Fall zu genehmigen, hat also keinen Ermessensspielraum. Die Durchführung eines Nachbesetzungsverfahrens ist in diesem Fall nicht erforderlich. Die Zulassung dieses Vertragsarztes geht dann allerdings auf

---

123 BSG vom 29.09.1999 – B 6 Ka 1/99 R; LSG Nordrhein-Westfahlen, MedR 1999, 27; SG Dortmund, MedR 2002, 100; ausführlich Klaas, MedR 2004, 248; Bartels, MedR 1995, 232

das MVZ über, d. h. der Verkauf der Praxis an einen Nachfolger und die Übertragung der vertragsärztlichen Zulassung auf diesen ist praktisch nicht möglich. Es bleibt dem Arzt in diesem Fall nur die Möglichkeit, seine Praxis an das MVZ zu veräußern. Der in das MVZ wechselnde Vertragsarzt, so die Gesetzesbegründung, „nimmt seine Zulassung in das medizinische Versorgungszentrum mit." Andernfalls würden trotz Zulassungsbeschränkungen zusätzliche Ärzte zugelassen werden müssen.

Niedergelassene Vertragsärzte bzw. deren Erben können im Fall des Verzichts, Erreichens der Altersgrenze, Todes oder Entziehung der Zulassung statt des Verkaufs ihrer Praxis und der Übertragung der Zulassung auf einen Nachfolger die Zulassung im Wege des Nachbesetzungsverfahrens auch auf ein MVZ übertragen (§ 103 Abs. 4 a Satz 2 SGB V). Bei einem oder mehreren Bewerbern muss der Zulassungsausschuss eine Auswahl nach den üblichen Kriterien treffen; das MVZ hat hier nicht automatisch den Vorzug. Das MVZ erwirbt im Fall der positiven Auswahlentscheidung den „Vertragsarztsitz" (so wörtlich der Gesetzestext) und führt die vertragsärztliche Tätigkeit durch einen neuen angestellten Arzt im MVZ weiter. Diese Formulierung und die Gesetzesbegründung lassen nur den Schluss zu, dass tatsächlich nur die isolierte Zulassung veräußert und übertragen werden kann, der bisher (jedenfalls offiziell) unerwünschte und unzulässige „Konzessionshandel" daher zumindest in diesem Fall zulässig ist.[124] In der Regel wird der abgebende Arzt allerdings auch hier Wert darauf legen, einen angemessenen Kaufpreis für seine Praxis zu erzielen, diese also zusammen mit der Zulassung an das MVZ zu veräußern.

b) Nachbesetzungsverfahren durch ein Medizinisches Versorgungszentrum

Diese Möglichkeit ist vom GMG ausdrücklich vorgesehen worden (§ 103 Abs. 4 a Satz 5 SGB V): bei einem späteren Verzicht bzw. Ausscheiden eines angestellten Arztes aus dem MVZ kann dieses die freiwerdende Arztstelle mit einem Nachfolger nachbesetzen. Die

---

[124] so auch Rieger, a.a.O., Rdnr. 28; Ratzel, ZMGR 2004, 63; Dahm in: Dahm/Möller/Ratzel, Rechtshandbuch Medizinische Versorgungszentren, Kapitel VI., Rdnr. 26

Durchführung eines Nachbesetzungsverfahrens ist in diesem Fall nicht erforderlich.[125] Entsprechendes gilt bei Erreichen der Altersgrenze (68 Jahre), Tod oder einem Fehlverhalten eines Arztes, das beim Vertragsarzt zur Zulassungsentziehung führen würde. Hierdurch soll nach der Gesetzesbegründung ein „Ausbluten" des MVZ verhindert werden.

c) Zulassungserwerb durch einen im Medizinischen Versorgungszentrum angestellten Arzt (sog. 5-Jahres-Privilegierung)

Nach einer Tätigkeit von mindestens fünf Jahren im MVZ kann ein angestellter Arzt auch im gesperrten Planungsbereich eine eigene vertragsärztliche Zulassung erhalten (§ 103 Abs. 4 a Satz 4 SGB V). Diese ist vom Zulassungsausschuss zu erteilen; er hat hierbei kein Ermessen. Hierbei handelt es sich um eine geradezu sensationelle Durchbrechung der Bedarfsplanung! Der gesetzgeberische Grund hierfür ist, dass angestellten Ärzten der Übergang zum niedergelassenen Vertragsarzt ermöglicht werden sollte. Tatsächlich dürfte den MVZ damit eine deutliche „Starthilfe" gegeben worden sein, da beispielsweise bisherige angestellte Krankenhausärzte auf diesem Weg über das MVZ nach der fünfjährigen Übergangszeit in die „freie Ärzteschaft" wechseln können, ohne eine Praxis mit Vertragsarztsitz erwerben und finanzieren zu müssen.

Die privilegierte Zulassung wird allerdings nicht mehr erteilt, wenn der betreffende Arzt bei Ablauf der fünf Jahre die untere Altersgrenze von 55 Jahren überschritten hat (§ 32 b Abs. 1 Ärzte-ZV). Ferner gilt: für die „nachbesetzten Ärzte" gilt der privilegierte Wechsel in die Freiberuflichkeit nicht nochmals (§ 103 Abs. 4 a Satz 4 SGB V)! Das heißt: Ärzte, die ihre Arztstelle durch Nachbesetzung einer bereits vorhandenen Arztstelle im MVZ erhalten haben, können nur über den üblichen Weg des Erwerbs einer Praxis mit Zulassung in die Freiberuflichkeit wechseln. Andernfalls würde die Bedarfsplanung weitgehend unterlaufen werden können, da es dann zu einer „unkontrollierten Vermehrung" von Vertragsarztzulassungen kommen könnte. Das MVZ

---

125 Dahm in: Dahm/ Möller/ Ratzel, a.a.O., Kapitel VI. Rdnr. 112; Behnsen, das Krankenhaus 2004, 700

kann dann diese freiwerdende Arztstelle seinerseits – wie bereits oben dargestellt – auch in diesem Fall wieder nachbesetzen (§ 103 Abs. 4 a Satz 5 SGB V).

d) Bewertung

Man stellt fest: Der Gesetzgeber sieht die MVZ als „die" Kooperationsform der Zukunft an; andernfalls er solche begünstigenden Regelungen nicht getroffen hätte. Und: Die Regelungen über das MVZ geben dem Praxisabgeber einen deutlich erweiterten Spielraum bei der Nachfolgesuche. Statt des Verkaufs an einen ärztlichen Nachfolger ist auch der Verkauf der Praxis bzw. sogar nur des Vertragsarztsitzes an ein MVZ möglich oder die Realisierung des Praxis- bzw. Zulassungswertes über die „Einbringung" in ein MVZ und eine „auslaufende" Tätigkeit als Angestellter im MVZ. Da eine Angestelltenstelle im MVZ auf bis zu vier Teilzeitstellen „atomisiert" werden kann (Nr. 38 BedarfsplRL-Ä), kann der abgebende Arzt seine letzten Berufsjahre auch sukzessive in Teilzeit verbringen – flexible Modelle sind also durchaus denkbar.

5 Begriff der „Praxis" in § 103 Abs. 4, 4a und 5 SGB V

Praxis im Sinne des Nachbesetzungsverfahrens ist lediglich die Vertragsarztpraxis. Die Vorschrift bezieht sich lediglich auf den Bereich der Gesetzlichen Krankenversicherung. Der Zulassungsausschuss ist weder befugt, die Veräußerung auch der Privatpraxis zur Bedingung der Zulassung eines Bewerbers zu erklären, noch bezüglich der Höhe des Verkehrswertes der Privatpraxis irgendwelche Vorschriften zu machen.[126]

Vertragsarztpraxis und Privatpraxis sind als selbständige Teile des „Unternehmens Arztpraxis" getrennt veräußerbar. Dies gilt auch bei der Veräußerung an oder dem Verzicht und Eintritt in ein MVZ. Entsprechendes gilt auch für andere Praxisteile, z. B. das zytologische Labor einer gynäkologischen Praxis.[127] Eine andere Frage ist

---
126 Preißler, MedR 1994, 244
127 LAG Köln, MedR 1998, 225; Möller in: Ehlers, a.a.O., Rdnr. 394

natürlich, ob eine getrennte Veräußerung der Praxisteile praktisch möglich ist, ohne dass die Praxis durch die Aufteilung des Patientenstamms an Wert verliert und der gewünschte Kaufpreis nicht mehr erzielt werden kann.[128]

6 Zulassungsverzicht und Ausschreibung des Vertragsarztsitzes durch den Praxisinhaber oder seine Erben

Da der bedingungslose Zulassungsverzicht aus den bereits dargelegten Gründen riskant ist, haben sich in der Praxis zwei Handhabungen durchgesetzt, und zwar zum einen der Zulassungsverzicht unter der Bedingung der rechtskräftigen Zulassung eines Nachfolgers (sog. bedingter Verzicht). Allerdings ist umstritten, ob dies wegen der rechtlichen „Bedingungsfeindlichkeit" einer solchen Erklärung überhaupt möglich ist.[129] Zum anderen die bloße Verzichtsankündigung, d.h. die bloße Absichtserklärung des Praxisabgebers, im Fall der Zulassung eines Nachfolgers auf seinen Vertragsarztsitz zu verzichten,[130] also quasi eine Vorstufe zum eigentlichen Verzicht.

Die zweite Variante ist die bessere[131], da sie dem Praxisabgeber die Möglichkeit gibt, den angekündigten Verzicht notfalls zurückzunehmen, insbesondere falls es sich abzeichnet, dass andernfalls der „falsche" Bewerber die Zulassung zugeschlagen erhalten würde. Der bedingte Verzicht kann nämlich wie bereits dargelegt nach Zugang beim Zulassungsausschuss nicht mehr widerrufen werden.[132] Der lediglich angekündigte Verzicht kann in diesem Fall bis spätestens unmittelbar vor dem Schluss der mündlichen Verhandlung vor dem Zulassungsausschuss zurückgenommen werden. Aus diesem Grund sollte der Praxisabgeber auf jeden Fall an der

---

128 Rieger, a.a.O., Rdnr. 31, Fn 33
129 Möller, MedR 1994, 218; Steinhilper, MedR 1994, 227; Hesral in: Ehlers, a.a.O., Rdnr. 27
130 Seer, MedR 1995, 131; Schallen, a.a.O., Rdnr. 249
131 so auch Rieger, a.a.O., Rdnr. 33
132 LSG Nordrhein-Westfalen vom 08.11.1989 – L 11 Ka 4/89; Karst, MedR 1996, 557

E Nachbesetzungsverfahren und sonstige Möglichkeiten

Sitzung des Zulassungsausschusses persönlich teilnehmen, jedenfalls wenn mehrere Bewerber im Raum stehen.

Tipp:

Keinen bedingten und auf keinen Fall einen unwiderruflichen Verzicht auf die Zulassung erklären, sondern eine bloße Absichtserklärung abgeben! Kein endgültiges Datum angeben, sondern nur ein voraussichtliches! Im Zweifel an der Sitzung des Zulassungsausschusses teilnehmen!

Wenngleich diese Handhabung – soweit ersichtlich – der überwiegenden Verwaltungspraxis der Zulassungsausschüsse entspricht, empfiehlt sich dringend, sich bei der zuständigen Kassenärztlichen Vereinigung frühzeitig Gewissheit über die Verfahrensweise des zuständigen Zulassungsausschusses zu verschaffen.[133]

Tipp:

Bei der zuständigen Kassenärztlichen Vereinigung rechtzeitig über dort übliche Praxis des Zulassungsausschusses im Zusammenhang mit dem Verzicht auf die Zulassung informieren!

Übrigens: Ein Zulassungsverzicht unter der Bedingung der Nachfolgezulassung eines bestimmten Bewerbers und/oder des Zustandekommens eines Praxisübergabevertrages mit einem bestimmten Bewerber ist rechtlich unzulässig.[133]

Der an die Kassenärztliche Vereinigung zu richtende Antrag auf Ausschreibung des Vertragsarztsitzes kann formlos gestellt werden. Die Kassenärztlichen Vereinigungen verwenden allerdings – soweit ersichtlich – jeweils vorformulierte Formblätter. Eine Rücknahme des Antrags und seine spätere Wiederholung ist jederzeit möglich. Im Fall des Todes des Praxisinhabers geht das Ausschreibungsrecht auf die Erben über. Sonst ergeben sich in diesem Fall keine Besonderheiten.

Im Hinblick auf die rasche Verflüchtigung des ideellen Praxiswertes bei zeitlichen Verzögerungen, insbesondere bei Streitigkeiten unter den Erben, empfiehlt es sich für den Praxisinhaber, rechtzei-

---

[133] so auch Rieger, a.a.O., Rdnr. 33; Klapp, a.a.O., 4.1.2

tig testamentarische Verfügungen zu treffen, die einen zügigen Verkauf der Praxis gewährleisten, z. B. die Erteilung einer Vollmacht über den Tod hinaus (sog. postmortale Vollmacht) an einen Erben oder die Einsetzung eines Testamentsvollstreckers im Testament.[134]

Tipp:

Im Testament Vollmacht über den Tod hinaus an einen geschäftserfahrenen Erben erteilen oder Testamentsvollstrecker einsetzen!

Und schließlich: Selbst im Insolvenzfall, d. h. sogar noch nach Eröffnung eines entsprechenden Verfahrens vor dem Insolvenzgericht, ist der Arzt berechtigt, seine vertragsärztliche Zulassung auszuschreiben und übertragen zu lassen. Diese und der Vertragsarztsitz fallen nicht in die Insolvenzmasse und unterliegen somit nicht dem Zugriff des Insolvenzverwalters.[135]

7 Auswahlkriterien

Haben sich auf eine Ausschreibung in den öffentlichen Publikationsmedien – in der Regel anonymisiert unter Chiffre – durch die Kassenärztliche Vereinigung in einem gesperrten Planungsbereich mehrere zulassungsfähige Ärzte beworben, hat der Zulassungsausschuss nach pflichtgemäßem Ermessen unter diesen eine Auswahl zu treffen (§ 103 Abs. 4 Satz 3 SGB V). Dies gilt natürlich nicht, falls nur ein Bewerber zur Verfügung steht oder verbleibt, wenn also alle anderen Mitbewerber ihren Übernahmeantrag zurückziehen. In diesem Fall hat der Zulassungsausschuss diesen auszuwählen.

Tipp:

Existieren mehrere Bewerber, sollte der Praxisabgeber den anderen Bewerbern klarmachen, dass er bereits einen Kaufvertrag mit seinem „Wunschbewerber" abgeschlossen hat, damit diese ihre Bewerbung möglichst zurückziehen!

---

134 Rieger, a.a.O., Rdnr. 36
135 BSG vom 10.05.2000 – B 6 Ka 67/18 R; Hesral in: Ehlers, a.a.O., Rdnr. 242

E Nachbesetzungsverfahren und sonstige Möglichkeiten

Bei mehreren Bewerbern sind die (grundsätzlich gleichrangig zu behandelnden)[136] Auswahlkriterien (§ 103 Abs. 4 Satz 4 SGB V):

Approbationsalter, Dauer der ärztlichen Tätigkeit, Dauer der Eintragung in die Warteliste (§ 103 Abs. 5 Satz 3 SGB V), berufliche Eignung (z. B. Schwerpunktbezeichnung, Zusatzbezeichnung, Weiterbildungsbezeichnung), Ehegatte oder Kind des bisherigen Vertragsarztes, Job-Sharing-Angestellter des bisherigen Vertragsarztes (§ 101 Abs. 1 Ziffer 5 SGB V) und Job-Sharing-Partnerschaft des bisherigen Vertragsarztes mit dem potentiellen Nachfolger (§ 101 Abs. 1 Ziffer 4 SGB V).

Dieses letztgenannte Kriterium ist allerdings erst nach mindestens fünfjähriger gemeinsamer Tätigkeit berücksichtigungsfähig (§ 101 Abs. 3 Satz 4 SGB V!). Da hierin eine (kaum nachvollziehbare) Ungleichbehandlung gegenüber dem angestellten Job-Sharing-Arzt liegt, ist § 101 Abs. 1 Ziffer 5 SGB V wegen des Grundrechts der Berufsfreiheit (Art. 12 GG) verfassungskonform dahingehend auszulegen, dass die 5-Jahres-Grenze beim Nachfolgebesetzungsverfahren nicht gilt.[137] Dies tun allerdings leider nicht alle Zulassungsausschüsse, sondern kleben nicht selten am Buchstaben des Gesetzes.

Obgleich dies im Gesetz nicht ausdrücklich erwähnt wird, gehört zu den zu berücksichtigenden Auswahlkriterien nach der Rechtsprechung auch eine vorangegangene Vertretertätigkeit eines Bewerbers[138] oder die Tätigkeit eines Sicherstellungs- bzw. Entlastungsassistenten, und der Wille des abgebenden Arztes oder seiner Erben, wenn die Praxis ausschließlich einem bestimmten Bewerber übertragen werden soll. Dies gilt insbesondere dann, wenn der Abgeber mit dem bevorzugten Bewerber bereits einen rechtsverbindlichen Praxisübernahmevertrag abgeschlossen hat.[139]

In der letzten Zeit ist bedauerlicherweise festzustellen, dass sich Zulassungsausschüsse über dieses Kriterium immer wieder mit der Begründung hinwegsetzen, die zivilrechtliche Rechtslage, d. h.

---

136 Rieger, a. a. O., Rdnr. 51
137 so mit Recht Hesral in: Ehlers, a. a. O., Rdnr. 298; vgl. auch Rieger, a. a. O., Rdnr. 54; Klapp, a. a. O., 4.1.5.1.1
138 LSG Baden-Württemberg vom 19.11.1996, MedR 1997, 143
139 so zutreffend der Beschluss des Zulassungsausschusses für Ärzte bei der KV Hessen vom 25.03.1997 – NrZ 314/97; vgl. auch Rieger, a. a. O., Rdnr. 51

I Nachbesetzungsverfahren

Nachbesetzungsverfahren gem.
§ 103 Abs. 4, 4a und 5 SGB V (I)

Voraussetzung für die Einleitung des Verfahrens bei der **KV**:
Ende der Zulassung durch:
- Erreichen der Altersgrenze
- Tod
- Verzicht (generell)
- Verzicht (zugunsten MVZ)
- Entziehung

Suche des „**Wunschbewerbers**" – Verhandlungen – mindestens: Vorvertrag!
Besser: Kaufvertrag!

Zulassungsverzicht gegenüber KV nur mit Hinweis, dass **nur gültig, wenn Nachfolger gefunden** wird (aufschiebende Bedingung!)
Besser: Verzicht nur ankündigen! (kein endgültiges Datum angeben!)

Ausschreibung des Vertragsarztsitzes mit Bewerbungsfrist durch KV

Liste der Bewerber durch KV an Praxisabgeber und an Zulassungsausschuss

Mitteilung an Zulassungsausschuss und andere Bewerber: „**Wunschbewerber** ist gefunden und **unter Vertrag!**"

Ein Bewerber: ausschließlich Prüfung der formalen Voraussetzungen durch Zulassungsausschuss
Mehrere Bewerber: Auswahlverfahren im Zulassungsausschuss!

Nachbesetzungsverfahren gem.
§ 103 Abs. 4, 4a und 5 SGB V (II)

Auswahlkriterien des Zulassungsausschusses:
- Berufliche Eignung
- Approbationsalter
- Dauer der Eintragung in die Warteliste
- Ehegatte oder Kind des bisherigen Vertragsarztes: sofort!
- angestellter Arzt des bisherigen Vertragsarztes
- Job-Sharing-Partner: nicht vor Ablauf von 5 Jahren! (seltsamer Widerspruch!?)

Auswahlkriterien nach Rechtsprechung auch:
- **vorangegangene Vertretertätigkeit!**
- **Wille des abgebenden Arztes** bzw. seiner Erben zugunsten eines bestimmten Bewerbers! (deswegen also: **vorheriger Abschluss des Kaufvertrages!**)

der bereits abgeschlossene Kaufvertrag zwischen dem Praxisveräußerer und dem „Wunschnachfolger" sei nicht maßgeblich, dies seien lediglich die öffentlich-rechtlichen Auswahlkriterien. Diese Auffassung verkennt, dass die zivilrechtliche Vertragsbindung zwischen den sich bereits einigen Vertragsparteien über die (nachfolgend noch näher zu behandelnde) sog. Verkehrswertgarantie (§ 103 Abs. 4 Satz 5 SGB V) in die Zulassungsentscheidung einfließen muss und es in der Lebenswirklichkeit nicht Sinn und Zweck der Nachbesetzungsregelungen sein kann, den Vertragsarztsitz an einen Bewerber zu übertragen, mit dem der Veräußerer keinen Kaufvertrag abgeschlossen hat und möglicherweise auch keinen mehr abschließen kann, weil sich dieser weigert, den vom Veräußerer verlangten Kaufpreis zu bezahlen.

In der Praxis führen solche Entscheidungen des Zulassungsausschusses immer wieder zu erheblichen Problemen wie Widersprüchen, Klagen, einstweiligen Anordnungen etc. des Praxisabgebers bzw. unterlegenen Bewerbers. Dies ließe sich bei einer sachgerechten Entscheidung des Zulassungsausschusses ohne das Pochen auf den (angeblich) rein öffentlich-rechtlichen Charakter der Zulassung ohne weiteres vermeiden! Auf dieses Thema wird noch näher einzugehen sein.

Ergänzend muss noch auf eine Besonderheit im Rahmen der Bedarfszulassung hingewiesen werden: Ab 1.1.2006 sind für ausgeschriebene Hausarztsitze vorrangig Allgemeinärzte zu berücksichtigen (§ 103 Abs. 4 Satz 5 SGB V). Der Gesetzgeber will also offenkundig dafür sorgen, dass hausärztliche Internisten bei der Praxisnachfolge nur noch ausnahmsweise zum Zug kommen.

8 Verkehrswert der Praxis

Die wirtschaftlichen Interessen des ausscheidenden Vertragsarztes oder seiner Erben sind ferner nur insoweit zu berücksichtigen, als der Kaufpreis die Höhe des Verkehrswertes der Praxis nicht übersteigt (§ 103 Abs. 4 Satz 5 SGB V). Dadurch soll ausgeschlossen werden, dass sich durch die erhöhte Nachfrage nach Vertragsarztpraxen und der mit der Praxisübernahme verbundenen Zulassung der

Kaufpreis für die Praxis ungerechtfertigt erhöht.[140] Insbesondere eine Art „Versteigerung" der Zulassung soll verhindert werden![141] Darüber hinaus will der Gesetzgeber gewährleisten, dass der Veräußerer jedenfalls den Verkehrswert erhält (sog. Verkehrswertgarantie).[142]

Hieraus folgt vor allem, dass zulassungsrechtlich ein Bewerber, der nicht bereit ist, den Verkehrswert als Kaufpreis zu akzeptieren, für die Auswahl nicht in Betracht kommt.[143] Die gesetzliche Regelung schließt aber nicht aus, dass sich der Veräußerer mit dem Bewerber auf einen über den Verkehrswert hinausgehenden Kaufpreis einigt.

Tipp:

Der Praxisinhaber sollte sich schon vor der Ausschreibung seines Vertragsarztsitzes mit dem potentiellen Erwerber über den Kaufpreis einigen!

Im Zweifel hat der Zulassungsausschuss ein Sachverständigengutachten über den Verkehrswert einzuholen.[144] Kann der Praxisabgeber ein bereits vorhandenes Wertgutachten vorlegen, ist dies natürlich von Vorteil – ein weiterer Grund, ein Gutachten einzuholen, wie schon oben im einzelnen ausgeführt. Kommt ein Kaufvertrag mangels Einigung der Parteien über den Verkehrswert nicht zustande, ist das Nachbesetzungsverfahren fehlgeschlagen. Der abgabewillige Arzt sollte den Ausschreibungs- bzw. Übertragungsantrag dann unverzüglich zurücknehmen! Er kann den Antrag später neu stellen. Dies setzt aber voraus, dass es noch nicht zu einer Beendigung seiner Zulassung, z. B. durch einen uneingeschränkten Verzicht zu einem bestimmten Datum wie bereits oben dargestellt gekommen ist!

Die Antragsrücknahme funktioniert allerdings darüberhinaus nur dann, wenn der Zulassungsausschuss die Zulassung noch nicht an den von ihm ausgewählten Bewerber übertragen hat. Ist der Beschluss schon erlassen worden, bleibt dem abgebenden Arzt nur die Möglichkeit, hiergegen Widerspruch einzulegen und die Nicht-

---

140 Rieger, a.a.O., Rdnr. 59; Bundestags-Drucksache 12/3608, S. 99
141 Schallen, a.a.O., Rdnr. 304
142 SG Detmold, MedR 1995, 171; Rieger, a.a.O. Rdnr. 59
143 Hesral in: Ehlers, a.a.O. Rdnr. 281
144 Hesral in: Ehlers, a.a.O., Rdnr. 281 und 284; Seer, MedR 1995, 131

einigung dem Berufungsausschuss vorzutragen. Dieser müsste den Nachfolgebeschluss zugunsten des „unerwünschten" Nachfolgers dann wieder aufheben[145] – ein weiterer praktischer Grund, der die Zulassungsausschüsse davon abhalten sollte, Bewerbern Zulassungen zuzusprechen, die der Praxisveräußerer ablehnt, insbesondere mit denen er keinen Kaufvertrag abgeschlossen hat.

9 Abhängigkeit der Zulassung vom Abschluss eines Übergabevertrages?

Die Zulassung sollte vom Zulassungsausschuss also erst dann erteilt werden, wenn ein Praxisübernahmevertrag nachweislich abgeschlossen wurde.[146] Nach dem Wortlaut sowie Sinn und Zweck des § 103 Abs. 4 SGB V ist die Nachbesetzung des Vertragsarztsitzes zwingend mit der Fortführung der Praxis durch den Nachfolger verknüpft.[147]

Bereits oben wurde auf die oftmals hiervon abweichende Spruchpraxis der Zulassungsausschüsse hingewiesen – eine Handhabung, die spätestens seit einer (allerdings eine Gemeinschaftspraxis betreffenden, aber durchaus auf Einzelpraxen übertragbaren) Entscheidung des BSG[148] nicht mehr haltbar erscheint! Nochmals: Die Zulassungsausschüsse haben sich nach richtiger Auffassung sogar vor ihrer Entscheidung den Praxisübernahmevertrag zwischen dem Veräußerer und dem Erwerber vorlegen zu lassen, so dass andere Bewerber nicht zum Zuge kommen können.[149] Die früher gelegentlich empfohlene Lösung, die Zulassung unter der aufschiebenden Bedingung des (nachträglichen) Abschlusses eines Kaufvertrages zu erteilen, dürfte seit einer entgegenstehenden Entscheidung des BSG nicht mehr praktikabel sein.[150]

---

145 auch Klapp, a. a. O., 4.2.1
146 SG Detmold vom 14.10.1994, MedR 1995, 214; Seer, MedR 1995, 136 f.
147 BSG vom 29.09.1999 – B 6 KA 1/99; Schallen, a. a. O., Rdnr. 322; Rieger, a. a. O., Rdnr. 70; ähnlich Hess in: Kasseler Kommentar, § 103 Rdnr. 28; a. A. SG Münster vom 05.10.1995, MedR 1996, 144 und vor allem Hesral in: Ehlers, a. a. O., Rdnr. 328 f.
148 BSG vom 16.07.2003 – B 6 KA 34/03 R; so wohl auch bereits OLG München vom 22.04.1998, NJW-RR 1998, 441; so auch deutlich Rieger, a. a. O., Rdnr. 71
149 so zu Recht Rieger, a. a. O., Rdnr. 71
150 BSG, Arztrecht 2000, 165; so auch Klapp, a. a. O., Rdnr. 4.1.5.2

Tipp:

Es empfiehlt sich daher dringend, den Praxisübernahmevertrag vor der Entscheidung des Zulassungsausschusses abzuschließen (und dem Zulassungsausschuss vorzulegen), allerdings vorsichtshalber unter der auflösenden Bedingung der rechtskräftigen Zulassung des „Wunschbewerbers" als Vertragsarzt!

Umgekehrt ist der abgabewillige Arzt jedenfalls nicht verpflichtet, mit dem vom Zulassungsausschuss favorisierten oder ausgewählten Bewerber einen Übernahmevertrag zu schließen (kein sog. Kontrahierungszwang[151]), falls noch kein Vertrag besteht. Allerdings hilft dies nicht viel, wenn die Übertragung der Zulassung auf den „falschen" Nachfolger bestandskräftig geworden sein sollte.

10 Verlegung des Vertragsarztsitzes

Scheitert wider Erwarten die Übernahme der Praxisräume durch den Praxisübernehmer, z. B. weil der Vermieter den Nachfolger aus persönlichen Gründen ablehnt oder unangemessene Mietzinsforderungen stellt, bleibt dem Erwerber nur die Möglichkeit, den Vertragsarztsitz innerhalb des gesperrten Planungsbereichs zu verlegen.[152] Die Verlegung ist – abgesehen vom Umzug innerhalb des gleichen Hauses[153] – genehmigungspflichtig (§ 24 Abs. 4 Ärzte-ZV). Hierfür zuständig ist die Kassenärztliche Vereinigung.

Auf die Genehmigung besteht grundsätzlich ein Rechtsanspruch, wenn Gründe der vertragsärztlichen Versorgung nicht entgegenstehen.[154] Dies wird in der Regel nicht der Fall sein: Auf die Versorgung der Patienten im bisherigen Praxisbereich kommt es nämlich nicht an.[155] Eine besondere Verdichtung im Kern eines gesperrten Planungsbereichs reicht zur Versagung der Genehmigung ebenfalls nicht aus.[156] Die vorgenannte Problematik kann vermieden werden, wenn im Praxisübernahmevertrag eine Regelung aufge-

---

151 Rieger, a.a.O., Rdnr. 68
152 Rieger, a.a.O., Rdnr. 74
153 BSG vom 20.12.1995 – 6 R KA 55/94
154 Schallen, a.a.O., Rdnr. 554
155 a. A. LSG Nordrhein-Westfalen, MedR 1999, 338
156 Schallen, a.a.O., Rdnr. 447

nommen wird, dass dessen Wirksamkeit entfällt, wenn die Übernahme des Mietvertrages oder ein Neuabschluss scheitert und keine Praxisräume in der (genau zu definierenden Umgebung) gefunden werden können.

Tipp:

Auflösende Bedingung im Praxisübernahmevertrag für den Fall vereinbaren, dass die Übernahme oder der Neuabschluss des Mietvertrages nicht gelingt und keine Räume in einem festgelegten Umkreis der bisherigen Praxis gefunden werden können!

11 Probleme mit Mitbewerbern

In der Praxis kommt es neuerdings wieder häufiger zu zwei unangenehmen Fallkonstellationen:[157]

Entweder der Zulassungsausschuss wählt als Nachfolger den vom Praxisabgeber favorisierten Kandidaten aus. Es existiert ein weiterer Mitbewerber, gegen den dann eine negative Entscheidung des Ausschusses ergeht. Der abgelehnte Mitbewerber legt gegen den Beschluss des Zulassungsausschusses einen (innerhalb der Widerspruchsfrist von einem Monat auch zu begründenden, § 97 Abs. 3 SGB V, § 44 Ärzte-ZV) Widerspruch ein und erhebt bei einem zurückweisenden Beschluss des Berufungsausschusses Klage zum Sozialgericht. Der zugelassene Arzt kann dann wegen der aufschiebenden Wirkung des Widerspruchs (§ 86 a Abs. 1 SGG) bzw. der Klage (§ 86 a Abs. 1 SGG) die Praxistätigkeit nicht aufnehmen. Hiergegen kann er sich mit Anträgen auf den sog. Sofortvollzug zur Wehr setzen[158] (§ 86 a Abs. 2 Nr. 5 SGG). Der Berufungsausschuss kann diesem Antrag auch schon vor seiner Entscheidung über den Widerspruch stattgeben[159], wenn der Widerspruch erfolgsversprechend erscheint und die öffentlichen Interessen oder die des Widersprechenden oder des Praxisabgebers überwiegen. Hierfür kom-

---

157 zu der Problematik ausführlich Klaas, MedR 2004, 248
158 BSG vom 05.11.2003 – B 6 KA 11/03 R, MedR 2004, 697
159 so wohl LSG Baden-Württemberg vom 15.07.2003 – L 5 KA 1625/03 ER – B

men z. B. die Notwendigkeit der Patientenversorgung in Betracht oder die Werterhaltung der Praxis.[160]

Oder der Zulassungsausschuss weist den Praxisabgeber darauf hin, dass er nach den Auswahlkriterien einen anderen Mitbewerber auswählen wird, als den vom Praxisabgeber favorisierten. In diesem Fall hat der Praxisabgeber zwar grundsätzlich die Möglichkeit, den bloß angekündigten Verzicht auf seine Zulassung zurückzunehmen und zu einem späteren Zeitpunkt neu zu stellen. Allerdings geben diesen Hinweis durchaus nicht alle Zulassungsausschüsse, sondern treffen nicht selten ohne Vorankündigung eine unerwartete Entscheidung, nämlich die Zulassung des nicht gewünschten Arztes. In diesem Fall können der Praxisabgeber und der „Wunschkandidat" Widerspruch einlegen bzw. Klage erheben. Das Szenario entspricht dann dem vorstehend dargestellten, allerdings mit umgekehrten Vorzeichen.

Tatsächlich ist es nicht selten, dass allein der Widerspruch bzw. die Klage des abgelehnten Bewerbers zur Aufgabe, d. h. Antragsrücknahme des ursprünglich zugelassenen Bewerbers führt, da die Blockadewirkung und die negativen Aussichten auf eine langwierige, streitige und kostspielige Auseinandersetzung ggf. über mehrere Instanzen hinweg (denkbar ist auch die Berufung zum LSG und sogar Revision zum BSG) durchaus eine abschreckende Wirkung haben. In diesem für den zunächst abgelehnten Bewerber zwar glücklichen Fall rückt dieser allerdings nicht schon gleichsam automatisch in der nächsten Sitzung des Zulassungsausschusses nach und erhält dann die begehrte Zulassung. Vielmehr muss dann ein neuerliches Ausschreibungsverfahren durchgeführt werden, da sich das noch laufende Verfahren aufgrund des „Rückziehers" des bisherigen Favoriten rechtlich erledigt hat.[161] In den übrigen Fällen haben der Berufungsausschuss bzw. die Gerichte das Wort!

---

160 Rieger, a. a. O., Rdnr. 76
161 BSG vom 05.11.2003 – B 6 KA 11/03 R, MedR 2004, 697

12 Nachbesetzungsverfahren: Besonderheiten bei Gemeinschaftspraxis

Die Nachfolgeregelung für Einzelpraxen (§ 103 Abs. 4 und 5 SGB V) ist auf die Beendigung von Gemeinschaftspraxen entsprechend anwendbar (§ 103 Abs. 6 SGB V).

a) Ausschreibungsrecht ausscheidender oder verbleibender Partner

Früher war umstritten, ob neben dem ausscheidenden Partner auch verbleibende Partner den Antrag auf Ausschreibung stellen können. Das BSG hat den Streit[162] erfreulicherweise dahin entschieden, dass das Ausschreibungsrecht jedenfalls auch dem verbleibenden Partner bzw. Partnern zusteht. Dieser muss geschützt werden, um die Gemeinschaftspraxis ggf. mit einem neuen Partner fortsetzen zu können. Ob gleichzeitig auch der Ausscheidende seinen Vertragsarztsitz selbst ausschreiben kann, wurde bisher nicht ausdrücklich entschieden. Dies ist aber auch nicht nötig:

Abgesehen davon, dass der Wortlaut des Gesetzes (§ 103 Abs. 6 SGB V) für das Bestehen eines eigenen Ausschreibungsrechts des ausscheidenden Partners spricht, verlangt auch dessen Schutzzweck (§ 103 Abs. 4 bis 6 SGB V), nämlich die Möglichkeit der wirtschaftlichen Verwertung einer Arztpraxis bzw. eines Gesellschaftsanteils auch in einem für Neuzulassungen gesperrten Gebiet, die prinzipielle Anerkennung eines Verwertungsrechts des ausscheidenden Gesellschafters.[163] Könnte dieser nämlich seine Zulassung nicht selbst ausschreiben, wäre er an der selbständigen wirtschaftlichen Verwertung seines Gesellschaftsanteils gehindert. Dieser wäre ohne die Zulassung praktisch wertlos. Im Ergebnis steht das Ausschreibungsrecht daher sowohl dem bzw. den verbleibenden Partner/n zu wie auch dem Ausscheidenden. Bei der Gestaltung von Gemeinschaftspraxis- und MVZ-Verträgen sollte also klar geregelt werden, wem das Ausschreibungsrecht für welchen Fall zustehen soll.

---

162 BSG vom 25.11.1998 – B 6 Ka 70/97 –, MedR 1999, 382
163 Hesral in: Ehlers, a.a.O., Rdnr. 357; Rieger, a.a.O., Rdnr. 217; Plagemann/Niggehoff, Vertragsarztrecht, Rdnr. 304

I Nachbesetzungsverfahren

Tipp:

Im Gemeinschaftspraxis- bzw. MVZ-Vertrag ist klar zu regeln, wem das Ausschreibungsrecht bei Ausscheiden eines Partners unter welchen Voraussetzungen zustehen soll!

b) Interessen des/der verbleibenden Partner/s

Bei der Auswahl des Nachfolgers durch den Zulassungsausschuss sind neben den in üblichen oben bereits eingehend behandelten Auswahlkriterien (§ 103 Abs. 4 und 5 SGB V) auch „die Interessen des oder der in der Praxis verbleibenden Vertragsärzte angemessen zu berücksichtigen" (§ 103 Abs. 6 Satz 2 SGB V). Der Zulassungsausschuss wird deshalb eine Nachbesetzung nur im Einvernehmen mit den verbleibenden Partnern vornehmen können.[164] Insbesondere darf der Zulassungsausschuss die Zulassung nicht auf einen Bewerber übertragen, der nicht bereit ist, die Tätigkeit in der Gemeinschaftspraxis fortzusetzen, sondern nur an dem Vertragsarztsitz interessiert ist,[165] um sich anderswo niederzulassen.

Kommt es zu keiner Einigung über die Person des Nachfolgers, scheitert die Übertragung der Zulassung. Die bisherige Gemeinschaftspraxis muss dann von den verbleibenden Partnern allein oder – im Fall einer Zwei-Personen-Gemeinschaftspraxis – aufgespalten und als Einzelpraxis weitergeführt werden.[166] Nimmt der ausscheidende Partner seine Zulassung mit, um sich innerhalb desselben Planungsbereichs an anderer Stelle alleine oder mit einem neuen Partner gemeinsam niederzulassen, kommt es ohnehin nicht zu einer Nachbesetzung.[167]

---

164 Wertenbruch, MedR 1996, 485; Steinhilper, MedR 1994, 227
165 BSG vom 29.09.1999 – B 6 KA 1/99 R; BSG vom 05.11.2003 – B 6 KA 11/03R, MedR 2004, 697
166 Rieger, a.a.O., Rdnr. 221
167 Rieger, a.a.O., Rdnr. 222

c) Praxisfälle

In der Praxis sind zwei Fälle zu unterscheiden:

Zum einen die Veräußerung des Gesellschaftsanteils durch den ausscheidenden Partner an einen Dritten: Wie bei der Übertragung einer Einzelpraxis ist der Erwerb des Gesellschaftsanteils durch Kauf- und Abtretungsvertrag mit dem Veräußerer als Voraussetzung für die Rechtswirksamkeit der Zulassungsentscheidung anzusehen.[168]

Tipp:

Vor der Entscheidung des Zulassungsausschusses sollte der Anteilsveräußerer einen Kauf- und Abtretungsvertrag mit dem Wunschkandidaten unter der auflösenden Bedingung abschließen, dass dieser die Zulassung wider Erwarten nicht erhält!

Andernfalls besteht das Risiko, dass ein Bewerber zugelassen wird, ohne dass dieser durch zivilrechtlichen Vertrag verpflichtet ist, einen Kaufpreis zu zahlen.

Zum anderen die Veräußerung des Gesellschaftsanteils des ausscheidenden Gesellschafters durch den/die verbleibenden Partner: Ist im Gemeinschaftspraxisvertrag mit dem/den verbleibenden Partner/n diesem/n das Recht eingeräumt, den Gesellschaftsanteil des Ausscheidenden gegen Zahlung einer Abfindung zu übernehmen, werden sie zur „Refinanzierung" der gezahlten Abfindung im eigenen Interesse die Ausschreibung und Übertragung des Vertragsarztsitzes des Ausgeschiedenen auf einen Nachfolger beantragen.[169]

Macht unabhängig davon auch der Ausscheidende von seinem Antragsrecht Gebrauch und findet er für seinen Gesellschaftsanteil einen Käufer, der ihm einen Kaufpreis mindestens in Höhe der Abfindung zahlt, werden die verbleibenden Partner von der Pflicht zur Zahlung der im Gemeinschaftspraxisvertrag vereinbarten Abfindung kraft Gesetzes frei. Eine anderweitige Regelung wäre

---

168 vgl. oben Fn. 147, 151
169 Rieger, a.a.O., Rdnr. 228

wegen Verstoßes gegen die gesellschaftsrechtliche Treuepflicht rechtsmissbräuchlich.[170]

Tipp:

Zur Vermeidung späterer Streitigkeiten empfiehlt es sich dringend, die Fragen des Ausschreibungs- und Antragsrechts betreffend die Zulassung, der Nachfolgersuche sowie der Abfindungs- bzw. Kaufpreiszahlung und –verwertung im Gemeinschaftspraxis- bzw. MVZ-Vertrag ausführlich zu regeln!

d) Vereinbarungen über Verzicht auf die Zulassung bei Ausscheiden

Solche Vereinbarungen sind unproblematisch rechtswirksam, sofern der ausscheidende Gesellschafter wegen Verzichts, Berufsunfähigkeit, Tod, Erreichens der Altersgrenze oder Zulassungsentziehung aus der Gemeinschaftspraxis ausscheidet.[171] Kündigt der Ausscheidende oder wird er aus wichtigem Grund gekündigt und will er seine Tätigkeit im gesperrten Planungsbereich nicht fortsetzen, sondern diesen verlassen, entsteht ebenfalls kein Problem, da dann in der Regel kein Nachteil eintritt, wenn der Ausscheidende entsprechend abgefunden wird oder vom Nachfolger einen angemessenen Kaufpreis erhält.

Schwierig wird es jedoch, wenn der Ausscheidende sich mit „seinem" Vertragsarztsitz im gleichen Planungsbereich an anderer Stelle niederlassen will: Der BGH hat für diesen Fall in mehreren Entscheidungen festgestellt, dass eine vertragliche Vereinbarung über die zwangsweise Zurücklassung seiner Zulassung rechtswirksam ist,[172] sofern der Ausscheidende aus eigenem Antrieb gekündigt hat, erst recht kurz Mitglied der Gemeinschaftspraxis war (sechs Monate bzw. ein Jahr und neun Monate) und deswegen die Gemeinschaftspraxis noch nicht entscheidend mitprägen konnte.[172] Noch weiter

---

170 Palandt-Thomas, BGB, §738 Rdnr. 2; BGH, NJW 1960, 718
171 OLG Hamm vom 10.01.2000 – 8 U 91/99, MedR 2000, 427
172 BGH vom 22.07.2002 – II ZR 265/00, MedR 2002, 647;
BGH vom 22.07.2002 – II ZR 90/01, NJW 2002, 3536

E Nachbesetzungsverfahren und sonstige Möglichkeiten

geht eine Entscheidung,[173] die dies sogar im Fall der „Hinauskündigung" des „Juniorpartners" durch die „Seniorpartner" annimmt. Das Interesse des Ausscheidenden an der Mitnahme seiner Zulassung müsse in diesem Fall zurücktreten, da er wie ein „Arbeitnehmer mit Probezeit" anzusehen sei.

Diese Entscheidungen werden in der Literatur zu Recht kritisiert,[174] da sie das Vertragsarztrecht verkennen: Der Ausscheidende wird nämlich im gesperrten Planungsbereich in der Regel keine Zulassung mehr erhalten können mit der Folge der Gefährdung seiner beruflichen und damit wirtschaftlichen Existenz! Ferner kommt nach dem Wortlaut des Gesetzes (§ 103 Abs. 6 i.V.m. Abs. 4 SGB V) eine Ausschreibung nur bei Beendigung der Zulassung des Ausscheidenden in Betracht, nicht aber dann, wenn dieser weiter im Planungsbereich tätig werden möchte. Schließlich ist fraglich, wie lange der Ausscheidende eigentlich in der Gemeinschaftspraxis tätig sein muss, bis eine „Mitprägung" erreicht ist und die Verzichtsregelung dann doch als unwirksam anzusehen ist.

Diese Urteile des BGH haben daher zu erheblicher Rechtsunsicherheit geführt.[175] Noch weitergehender als die Rechtsprechung wird jetzt sogar vereinzelt die Auffassung vertreten, entsprechende Verzichtsklauseln seien sogar unabhängig von der Zugehörigkeitsdauer der Gesellschaft wirksam, wenn sie für alle Gesellschafter gelten.[176] Dies kann nicht zutreffend sein, weil hierbei zwar der verfassungsrechtliche Gleichheitsgrundsatz (Art. 3 GG) beachtet, jedoch das zivilrechtliche Sittenwidrigkeitsverbot (§ 138 BGB) übersehen wird.

Nach richtiger Auffassung wird man daher entsprechende Klauseln im Einzelfall sorgfältig auf ihre Wirksamkeit prüfen und eine sorgfältige Interessenabwägung vornehmen müssen. Hierbei kann es nicht allein auf die Dauer der Zugehörigkeit zu einer Gemeinschaftspraxis ankommen, sondern allenfalls auf eine Gesamtschau der konkreten Situation unter besonderer Berücksichtigung der Interessen des Ausscheidenden. Im Zweifel muss die Abwägung

---

173 OLG Düsseldorf vom 29.04.2004 – 1 – 6 U 123/03, MedR 2004, 616 mit – zu Recht – ablehnender Anmerkung von Dahm
174 Rieger, in Rieger: Lexikon des Arztrechts, „Gemeinschaftspraxis", Rdnr. 67 ff.; Rieger, a.a.O., Rdnr. 224
175 Rieger, a.a.O., Rdnr. 74 bzw. Rieger, a.a.O., Rdnr. 224
176 Wertenbruch, NJW 2003, 1904

schon wegen der Berufsausübungsfreiheit (Art. 12 GG) zu dessen Gunsten ausgehen. Etwas anderes wäre unter Umständen allerdings dann denkbar, wenn der Vertragsarztsitz beispielsweise aus der Gemeinschaftspraxis „stammt", d. h. der Ausscheidende diesen von einem früheren Partner übernommen, also nicht selbst „mitgebracht" hat.

13 Nachbesetzungsverfahren: Besonderheiten beim Medizinischen Versorgungszentrum

Eine Rechtsprechung hierzu konnte sich bisher noch nicht entwickeln, da die MVZ erst aufgrund des GMG 2004, also seit dem 1.1.2004 als weiterer Leistungserbringer in die Versorgungslandschaft gekommen sind. Im Rahmen des Nachbesetzungsverfahrens sind also bis auf weiteres die gleichen Regeln gültig, wie sie vorstehend für Gemeinschaftspraxen dargestellt wurden.

Eine Besonderheit besteht allerdings darin, dass der im MVZ angestellte Arzt bei einem Ausscheiden die Zulassung grundsätzlich im MVZ zurücklassen muss, da diese nicht ihm persönlich, sondern dem MVZ als solchen zusteht. Der Ausscheidende verfügt über keinen Vertragsarztsitz mehr und ist konkret existenzgefährdet, wenn er keine anderweitige Anstellung findet. Allerdings gilt dies nicht, wenn er bereits fünf Jahre lang im MVZ erstmals angestellt tätig war (§ 103 Abs. 4 a Satz 4 SGB V). Das MVZ kann diese Stelle nachbesetzen, und zwar ohne das förmliche Nachbesetzungsverfahren durchführen zu müssen (§ 103 Abs. 4 a Satz 5 SGB V). Es genügt also die bloße Benennung eines geeigneten Nachfolgers und die Anstellungsgenehmigung des Zulassungsausschusses.[177]

Anders ist es, wenn sich ein MVZ seinerseits als Nachfolger auf einen Vertragsarztsitz bewirbt. In diesem Fall gelten die Nachbesetzungsregelungen (§ 103 Abs. 4 und 5 SGB V) entsprechend (§ 103 Abs. 4 a Satz 3 und 4 SGB V). Allerdings taucht bei einem gleichzeitigen weiteren Bewerber die (zu bejahende) Frage auf,[178] ob dieser gegenüber dem MVZ den Vorrang erhalten soll, wenn das MVZ

---

177 Dahm in: Rechtshandbuch Medizinisches Versorgungszentrum, Kapitel VI., Rdnr. 112; Behnsen, das Krankenhaus, 700
178 Rieger, a.a.O., Rdnr. 58 a

nicht im Einzugsbereich der bisherigen Praxis liegt, dort also eine Versorgungslücke entstünde, was bei der Übernahme durch den Konkurrenten und Weiterführung der Praxis am gleichen Vertragsarztsitz nicht der Fall wäre.

Der aus dem MVZ ausscheidende Vertragsarzt kann dagegen „seine" Zulassung mitnehmen und sich anderweitig niederlassen, wenn er sie nicht zur Nachbesetzung ausschreibt, auf die sich auch ein Arzt bewerben kann, der dann im MVZ tätig werden will und somit die Kontinuität erhalten bleibt. Auch in diesem Fall werden entsprechende Gesellschaftsanteilsübernahmeverträge abzuschließen sein.

14 Nachbesetzungsverfahren: Besonderheiten bei Praxisgemeinschaft

Die Regeln über die Nachbesetzung bei Gemeinschaftspraxen gelten hier nicht. Insbesondere gibt es kein Ausschreibungsrecht des verbleibenden Partners, sondern nur des Ausscheidenden; auch sind die Interessen des Verbleibenden bei der Bewerberauswahl (§ 103 Abs. 6 Satz 2 SGB V) nicht zu berücksichtigen.

In der Praxis führt dies immer wieder zu – soweit ersichtlich weder in der Literatur noch in der Rechtsprechung bisher thematisierten – unangenehmen Konflikten: Wird der Nachfolger des Ausscheidenden – aus welchen Gründen auch immer – vom ehemaligen Praxisgemeinschaftspartner nicht akzeptiert, obgleich er den Vertragsarztsitz übertragen erhalten hat – und dies kann der Verbleibende in der Regel nicht verhindern – hängt es oft von dem bestehenden Mietvertrag und dem Vermieter, also einem außenstehenden Dritten (!) ab, ob der Nachfolger die Praxisgemeinschaft mit dem Verbleibenden fortsetzen kann oder nicht.

Auch kann sich der verbleibende Praxisgemeinschaftspartner weigern, mit dem Nachfolger eine Praxisgemeinschaft einzugehen, wenn der Praxisgemeinschaftsvertrag – wie meistens der Fall – keine entsprechende Fortsetzungsregelung enthält. Ein gesetzlicher Anspruch des Vorgängers oder des Nachfolgers auf Abschluss eines neuen Praxisgemeinschaftsvertrages oder Fortsetzung des alten mit dem Nachfolger besteht jedenfalls nicht.

Dies kann im Einzelfall dazu führen, dass die Praxisübernahme – wird das Problem rechtzeitig vorher erkannt – bereits im Vorfeld scheitert oder – falls nicht – der Nachfolger den Vertragsarztsitz verlegen muss – mit möglicherweise unerwünschten negativen Folgen für die Kontinuität des Patientenstamms!

Tipp:

Bei Praxisgemeinschaft rechtzeitig vor der Veräußerung der Praxis Akzeptanz des Nachfolgers durch den Praxisgemeinschaftspartner klären bzw. herstellen!

II Sonstige Fragen der vertragsärztlichen Zulassung

1 Altersgrenze 68 Jahre

Die Zulassung des Vertragsarztes endet aufgrund der Altersgrenze seit dem 1.1.1999 am Ende des Kalendervierteljahres, in dem er sein 68. Lebensjahr vollendet hat. Eine Ausnahme gilt nur dann, wenn der Vertragsarzt zum Zeitpunkt der Vollendung seines 68. Lebensjahres weniger als 20 Jahre als Vertragsarzt tätig und vor dem 01.01.1993 bereits zugelassen war (§ 95 Abs. 7 SGB V). In diesem Fall gilt eine Fristverlängerung bis zum Ablauf von 20 Jahren. Diese Regelung diente insbesondere den Interessen der Ärzte in den neuen Bundesländern.

Beispiel:

Ein am 15.11.1941 geborener Arzt erhält am 01.01.1992, also im Alter von 50 Jahren, seine Zulassung. Er vollendet sein 68. Lebensjahr 2009. Seine Zulassung würde also an sich am 31.12.2009, also nach 18 Jahren enden. Deshalb endet seine Zulassung in diesem Fall erst am 31.12.2011.

Die Altersgrenze hat nach ihrer Einführung verständlicherweise für erhebliche Aufregung gesorgt und ist vielfach angegriffen worden. Das BVerfG hat zwischenzeitlich entschieden, dass die Altersgrenze mit dem Grundgesetz (Art. 12 GG) vereinbar ist.[179] Das BVerfG hat im Rahmen der Begründung u. a. ausgeführt, „dass die Regelung des § 95 Abs. 7 SGV V dem Gesundheitsschutz der Patienten diene, da die Tätigkeit als Vertragsarzt hohe Anforderungen an die Leistungsfähigkeit stelle. Mit zunehmendem Alter werde die Gefahr einer Beeinträchtigung dieser Leistungsfähigkeit regelmäßig größer".

Auch die sonstige Rechtsprechung hat sich dieser Auffassung angeschlossen,[180] was sie aber immerhin nicht hindert, die Vertretertätigkeit von mehr als 68-jährigen Ärzten bzw. Zahnärzten für zulässig zu halten.[181] Neuerdings gibt es zunehmend Stimmen, die die Abschaffung der Altersgrenze befürworten, insbesondere angesichts der bereits akut drohenden Unterversorgung in bestimmten Regionen der neuen Bundesländer bzw. in ländlichen Gebieten. Auch die erforderliche EU-Harmonisierung dürfte früher oder später das „Ende der Altersgrenze" bedeuten.

Tipp:

Wegen der Altersgrenze muss die Praxisabgabe vom betroffenen Inhaber rechtzeitig geplant werden!

Die zuständigen Kassenärztlichen Vereinigungen handhaben das Verfahren nämlich unterschiedlich: In manchen Bezirken muss der Ausschreibungsantrag zwingend vor dem Erreichen der Altersgrenze gestellt werden. In anderen Bezirken wird eine Antragstellung auch nach Überschreiten des Stichtags bis zu einem Zeitraum von mehreren Monaten noch toleriert.

Tipp:

Rechtzeitig bei der zuständigen Kassenärztlichen Vereinigung informieren, wie der Ausschreibungsantrag bei nahem Erreichen der Altersgrenze gehandhabt wird!

---

179 BVerfG vom 31.03.1998 – 1 BvR 2167/93; BverfG vom 31.03.1998 – 1 BvR 2198/93, MedR 1998, 323, Anmerkung: Konrad Adenauer war bei der Wahl zum Bundeskanzler der BRD im Jahr 1949 bereits 73 Jahre, Ronald Reagan bei seiner Wahl zum Präsidenten der USA im Jahr 1980 immerhin 69 Jahre alt!
180 BSG vom 24.11.1993, BSGE 72, 223; BSG vom 25.11.1998 – B 6 KA 4/98R
181 BSG vom 30.06.2004 – B 6 KA 1/04R, GesR 2004, 488

2 Altersgrenze 55 Jahre

Ferner ist die Zulassung eines Arztes, der das 55. Lebensjahr vollendet hat, grundsätzlich ausgeschlossen (§§ 98 Abs. 2 Ziffer 12 SGB V). Ausnahmen sind nur zur Vermeidung von unbilligen Härten möglich.

Schon vor einigen Jahren wurde höchstrichterlich entschieden[182], dass die Einführung auch dieser Altersgrenze zulässig ist. Mittlerweile hat auch das BVerfG hierzu Stellung genommen und ausgeführt:[183] „Die Sicherung der finanziellen Stabilität der Krankenversicherung ist ein Gemeinwohlbelang von überragendem Gewicht ... Die Altersgrenze dient der Kostendämpfung ... Es besteht eine plausible Annahme, dass Personen, die nur noch für einen kurzen Zeitraum vertragsärztlich tätig sind (vom 55. bis zum 68. Lebensjahr) erhöhte Umsätze anstreben."

Diese Altersgrenze ist für die Job-Sharing-Anstellung von Ärzten in Vertragsarztpraxen durch das GMG 2004 mit Wirkung zum 1.1.2004 aufgehoben worden, da gleichzeitig die Anstellung von Ärzten über 55 Jahren im MVZ gestattet wurde und infolgedessen eine Gleichstellung erfolgen musste. Nunmehr können also auch Ärzte über 55 Jahre noch bis zum 68. Lebensjahr als Angestellte ärztlich tätig sein, und zwar entweder als Job-Sharing-Angestellter oder als angestellter Arzt in einem MVZ – eine erfreuliche Möglichkeit für nicht mehr junge Ärzte, z. B. ehemalige Chef- oder Oberärzte, ihre späteren Berufsjahre doch noch in der ambulanten Versorgung zu verbringen.

3 Zulassung im Rahmen des sog. Job-Sharing

Durch das 2. GKV-NOG kann seit dem 1.7.1997 im Rahmen des sog. Job-Sharing (§ 101 Abs. 1 Ziffer 4 SGB V) eine sog. vinkulierte, d. h. beschränkte Zulassung an einen Arzt erteilt werden, der mit einem in einem gesperrten Gebiet bereits tätigen Vertragsarzt eine gemeinsame vertragsärztliche Tätigkeit aufnimmt, § 101 Abs. 1 Ziffer 4. SGB V (Job-Sharing-Gemeinschaftspraxis).

---

182 BSGE 73, 223 = ArztR 1994, 263; ArztR 1994, 268
183 BVerfG vom 20.03.2001, – 1 BvR 491/96. Anmerkung: Diese Hypothese dürfte wohl kaum empirisch belegt bzw. belegbar sein!

E Nachbesetzungsverfahren und sonstige Möglichkeiten

a) Voraussetzungen

Die Voraussetzungen sind, dass der Vertragsarzt und der Job-Sharing-Partner derselben Fachgruppe angehören und sich beide zur Leistungsbeschränkung verpflichten, d. h. der bisherige Praxisumfang darf nicht wesentlich überschritten werden. Die Wesentlichkeitsgrenze wird durch das quartalsbezogene Gesamtpunktzahlvolumen festgelegt, und zwar aufgrund der Abrechnungsbescheide der vier vorangegangenen Quartale. Hilfsweise ist das Gesamtpunktzahlvolumen der Fachgruppe bzw. des Fachgruppendurchschnitts maßgebend. Die Obergrenze ermittelt sich dann aus dem Gesamtpunktzahlvolumen zuzüglich 3 % des Fachgruppendurchschnitts des Vorjahres.

Unabhängig von den Bestimmungen des Honorarverteilungsmaßstabs bzw. der künftigen Honorarverteilungsverträge sind Honorarausweitungen über die 3 %-Grenze hinaus also nicht möglich. Qualifikationen des neuen Partners oder des alten Partners, die dieser zusätzlich innehat bzw. erwirbt, dürfen nicht zur zusätzlichen Abrechnung von Leistungen führen. Insgesamt handelt es sich also um eine quantitative und eine qualitative Leistungsbeschränkung.

b) Vorteile

Nach zehn Jahren erstarkt die beschränkte Zulassung des Job-Sharing-Partners zur Vollzulassung, soweit nicht vorher das gesperrte Gebiet „entsperrt" worden ist (§ 101 Abs. 3 Satz 2 SGB V). Somit ist die Job-Sharing-Partnerschaft eine willkommene Möglichkeit für Ärztinnen und (künftige) Mütter, den Kinderwunsch mit einer Teilzeittätigkeit zu verbinden und anschließend „voll" in den Beruf einzusteigen.

Auch Ärzte und Ärztinnen mit sonstigen Nebeninteressen können diese Möglichkeiten nutzen. Der „Seniorpartner" kann sich sukzessive mehr den Privatpatienten zuwenden und nach und nach zurückziehen, während der Juniorpartner in die Praxis „hineinwächst". Nach außen treten beide als Gemeinschaftspraxis auf – eine ideale Form der Übergangskooperation, gäbe es nicht das Verbot der Leistungsausweitung!

c) Nachteile

Aus der Sicht des niederlassungswilligen Arztes hat die Job-Sharing-Partnerschaft die Nachteile, dass die beschränkte Zulassung vom Bestand der Gemeinschaftspraxis abhängig ist. Kommt es zu deren Beendigung bei einer Kündigung des Gemeinschaftspraxisvertrages oder beim Tod des Seniorpartners, ist es keine sehr angenehme Situation, plötzlich ohne Vertragsarztsitz „auf der Straße zu stehen". Dies gilt jedenfalls im erstgenannten Fall; im zweitgenannten Fall kann in der Regel der freiwerdende Sitz des verstorbenen Partners übernommen werden.

Ferner ist im Rahmen des Nachbesetzungsverfahrens kein Vorrang des Job-Sharing-Partners vor Ablauf von fünf Jahren vorgesehen (§ 101 Abs. 3 Satz 4 SGB V) Allerdings ist – wie schon oben ausgeführt[184] – fraglich, ob diese Regelung nicht verfassungskonform dahingehend auszulegen ist, dass die Zulassungsausschüsse nicht doch eine Berücksichtigung der bereits „zurückgelegten" Job-Sharing-Zeit vornehmen sollten. Es ist nicht nachvollziehbar, dass ein Job-Sharing-Angestellter beispielsweise bereits nach wenigen Wochen seiner Tätigkeit den Vorzug im Auswahlverfahren erhält, ein Job-Sharing-Partner nach viereinhalb Jahren Tätigkeit aber nicht. Einige Zulassungsausschüsse nehmen daher vernünftigerweise in der Praxis eine Gleichbehandlung vor. Andere dagegen tun dies nicht.

4 Anstellung von Ärzten (früher: „Dauerassistent")

Nach dem 2. NOG-GKV ist zum 1. 7. 1997 zusätzlich auch die Möglichkeit der Anstellung eines ganztagsbeschäftigten Arztes oder höchstens zweier halbtagsbeschäftigter Ärzte eingeführt worden (§ 101 Abs. 1 Satz 1 Ziffer 5 SGB V). Hierbei handelt es sich um den früheren sog. „Dauerassistenten". Diese Anstellungsmöglichkeit bezieht sich sowohl auf den gesperrten, wie auch auf den nicht gesperrten Planungsbereich. Die Voraussetzungen sind die gleichen, wie bei der Job-Sharing-Partnerschaft.

---

184 vgl. oben Fn. 145

Wie bereits oben ausgeführt, wird der (nach § 101 Abs. 1 Ziffer 5 GKV V) angestellte Arzt im Rahmen des Nachfolgebesetzungsverfahrens (nach § 103 Abs. 4 Satz 4 SGB V) vorrangig berücksichtigt.

5 Qualifizierter Sonderbedarf

Gelegentlich wird über den Weg des qualitätsbezogenen Sonderbedarfs (§ 101 Abs. 1 Ziffer 3 SGB V) eine zusätzliche Zulassung beantragt, um für eine bestimmte Zeit als Vorstufe für die Abgabe der Praxis eine Übergangskooperation zu bilden.

Grundsätzlich ist zwar bei Vorliegen der in den BPlanRL-Ä genannten Voraussetzungen, also z. B. bei nachweislichem lokalen Versorgungsbedarf (Nr. 24 a), nachweislichem fachlichen Versorgungsbedarf (Nr. 24 b) und/oder der Bildung von ärztlichen Gemeinschaftspraxen mit spezialistischen Versorgungsaufgaben, z. B. kardiologischen, onkologischen oder nephrologischen Schwerpunktpraxen (Nr. 24 c) die Möglichkeit der Erteilung einer Sonderbedarfszulassung gegeben.

Ob über den Weg der Sonderbedarfszulassung eine Übergangskooperation gegründet werden kann, hängt jedoch von der Entscheidung des zuständigen Zulassungsausschusses ab. Angesichts der bekannten Knappheit der ärztlichen Gesamtvergütung werden die Sonderbedarfszulassungen jedenfalls derzeit – soweit ersichtlich – sehr restriktiv gehandhabt. Die Chancen solcher Anträge sind daher in der Praxis eher als gering einzustufen.

6 Außerordentliche Belegarztzulassung

Bei vergeblicher Ausschreibung von Belegarztverträgen im gesperrten Planungsbereich durch den Krankenhausträger kann dieser mit einem dort nicht niedergelassenen geeigneten Arzt einen Belegarztvertrag schließen (§ 103 Abs. 7 SGB V). Dieser erhält eine auf die Dauer der Belegarzttätigkeit zeitlich beschränkte Zulassung. Diese Beschränkung entfällt bei einer „Entsperrung" des Zulassungsbezirks, unabhängig davon spätestens jedoch nach Ablauf von zehn Jahren.

II Sonstige Fragen der vertragsärztlichen Zulassung

Obgleich diese Möglichkeit in den letzten Jahren läufiger missbraucht worden ist, um ohne Vorliegen der tatsächlichen Voraussetzungen weitere Zulassungen in gesperrten Planungsbereichen zu generieren und die Zulassungsausschüsse deswegen heute auch mit der Vergabe solcher Vertragsarztsitze recht zurückhaltend geworden sind[185], ist dieser Weg bei tatsächlich bestehendem Versorgungsbedarf am Krankenhaus eine greifbare Chance, eine Praxis ohne die Abrechnungsbeschränkungen zu gründen, die beim Job-Sharing bestehen. Sind die zehn Jahre verstrichen, kann der Arzt sogar seinen Vertragsarztsitz verlegen und im Planungsbereich eine Praxis ohne Bindung an die Belegarzttätigkeit betreiben.[186]

---

185 hierzu Peikert in: Rieger, Lexikon des Arztrechts, „Belegarzt", Rdnr. 14 ff.; BSG vom 14.03.2001 – B6 ka 34/00, SozR 3 – 2500 §103 V
186 Hesral in: Ehlers, a.a.O., Rdnr. 180

F Steuerliche Fragen

I Seit 01.01.2001 neue Rechtslage

Mit Wirkung zum 1.1.1999 wurde die bis dahin geltende Vorzugsregelung („halber" durchschnittlicher Steuersatz und Freibetrag bei Betriebsveräußerung) abgeschafft und die sog. Fünftel-Regelung (die Steuer auf den Veräußerungsgewinn beträgt das Fünffache der Steuer auf ein Fünftel des Veräußerungsgewinns) eingeführt. Seit dem 1.1.2001 ist der Gesetzgeber aufgrund berechtigter und heftiger Proteste des Mittelstandes im Wesentlichen wieder zu der ursprünglichen Regelung zurückgekehrt, allerdings mit gewissen Modifikationen. Ab 1.01.2004 sind der Freibetrag nochmals abgesenkt und der ermäßigte tarifbegünstigte Steuersatz (von der Öffentlichkeit fast unbemerkt) leicht angehoben worden. Im Einzelnen gilt daher heute Folgendes:

II Veräußerungsgewinn
1 Freibetrag
a) Freibetrag EUR 45.000,–

Bei der Veräußerung seiner Praxis oder eines Praxisanteils erhält der Arzt einen Freibetrag in Höhe von EUR 45.000,– (bis 31.12.2003: EUR 51.200,–; §§ 16 Abs. 4, 52 Abs. 34 EStG) auf den Veräußerungsgewinn, jedoch nur auf Antrag, wenn er das 55. Lebensjahr vollendet hat oder (sozialversicherungsrechtlich) dauernd berufsunfähig ist und soweit der Veräußerungsgewinn EUR 136.000,– (bis 31.12.2003: EUR 154.000,–) nicht übersteigt, d. h. mit einer sog. Gleitskala bis EUR 181.000,– (bis 31.12.2003: bis EUR 205.200,–).

F Steuerliche Fragen

Dies bedeutet, dass der Freibetrag nun um den Betrag abschmilzt, um den der Veräußerungsgewinn höher ist als EUR 136.000,–. Beträgt der Veräußerungsgewinn beispielsweise EUR 160.000,–, beläuft sich der Freibetrag nur noch auf (EUR 160.000,– ./. EUR 136.000,– = EUR 24.000,– ./. EUR 45.000,– =) EUR 21.000,–. Der Freibetrag wird also ab einem Veräußerungsgewinn von (EUR 136.000,– + EUR 45.000,– =) EUR 181.000,– komplett aufgezehrt.

b) Besonderheiten des Freibetrages

Besonderheiten des Freibetrages (R 139 Abs. 13 EStR; § 52 Abs. 34 Satz 3 EStG) sind, dass er nur einmal im Leben in Anspruch genommen werden kann, wobei frühere Veräußerungen bis 31.12.1998 nicht mitzählen und der volle Freibetrag von EUR 45.000,– auch bei der Veräußerung oder Aufgabe eines Mitunternehmeranteils oder eines Teilbetriebes anfällt, d. h. in diesem Fall keine Quotelung stattfindet.

Er wird also auch bei der Veräußerung eines Gesellschaftsanteils an einer Gemeinschaftspraxis in voller Höhe gewährt, sofern nicht eine Abschmelzung stattfindet, wie bereits oben dargestellt. Und schließlich: der nicht verbrauchte Teil des Freibetrags verfällt ersatzlos.

2 Ermäßigter (tarifbegünstigter) Steuersatz

Dieser beläuft sich nunmehr auf 56 % (bis 31.12.2003: 50 %) des Durchschnittssteuersatzes (§§ 34 Abs. 3, 52 Abs. 47 EStG). Er wird auf Antrag gewährt, wenn der Unternehmer das 55. Lebensjahr vollendet hat oder (sozialversicherungsrechtlich) dauernd berufsunfähig ist und der durch die Veräußerung erzielte Gewinn EUR 5.000.000,– nicht übersteigt (dieses Problem dürfte bei der Veräußerung von Arztpraxen oder Anteilen an Arztpraxen wohl kaum auftreten). Er wird ebenfalls nur einmal im Leben gewährt, wobei Altveräußerungen bis 31.12.1998 nicht zählen.

Der Spitzensteuersatz (bis 31.12.2003: 48,5 %) ist zwar im Jahr 2004 auf 45 % und im Jahr 2005 und in den Folgejahren (bis zur nächsten Gesetzesänderung?) auf 42 % gefallen, dies wird jedoch durch die Anhebung des tarifbegünstigten Steuersatzes von 50 % auf 56 % im Ergebnis (fast) wieder relativiert.

II Veräußerungsgewinn

3 Mindeststeuersatz

Unterschreiten die 56% des ermäßigten Steuersatzes den Eingangssteuersatz, ist der Veräußerungsgewinn allerdings mindestens mit dem Eingangssteuersatz zu besteuern (§§ 34 Abs. 3 Satz 2, 52 Abs. 47 EStG), der von 16% im Jahr 2004 (bis 31.12.2003: 19,9%) auf nunmehr 15% im Jahr 2005 und die Folgejahre (bis zur nächsten Gesetzesänderung) gesenkt wurde.

4 Wahlrecht

Der Unternehmer kann zwischen dem tarifbegünstigten Steuersatz und der sog. Fünftel-Regelung (nach der ursprünglich nur zwischen dem 01.01.1999 bis zum 31.12.2000 geltenden Rechtslage) wählen. In der Regel wird der tarifbegünstigte Steuersatz für den Praxisveräußerer günstiger sein. In Ausnahmefällen kann aber auch die Fünftel-Regelung zu besseren Ergebnissen führen. Diese Beurteilung ist recht kompliziert, so dass die beste Lösung im Einzelfall durch den jeweiligen Steuerberater berechnet werden muss.

5 Ermittlung des Veräußerungs- bzw. Aufgabegewinns

Veräußerungsgewinn ist der Betrag, um den der Veräußerungspreis nach Abzug der Veräußerungskosten den Wert des Betriebsvermögens übersteigt. Der Wert des Betriebsvermögens ist für den Zeitpunkt der Veräußerung nach Bilanzierungsgesichtspunkten zu ermitteln (§ 16 Abs. 7 EStR i.V.m. § 4 EStG). In der Regel ist dies der steuerliche Buchwert. Dies gilt hier ausnahmsweise auch bei Freiberuflern, d.h. Ärzten, die sonst eine sog. Einnahmen-Überschuss-Rechnung (nach § 4 Abs. 3 EStG) erstellen, also keinen Jahresabschluss mit Bilanz und Gewinn- und Verlustrechnung.

Die Veräußerungskosten sind die durch die Veräußerung, als solche veranlassten Kosten, z.B. Gutachterkosten, Beraterkosten, z.B. für den Rechtsanwalt, Steuer- und Finanzberater, Notar- und Gerichtskosten wie auch Inserats-, Reise- und Bewirtungskosten, etc. Beispiel:

F Steuerliche Fragen

Ermittlung des steuerpflichtigen Veräußerungsgewinns bei tarifbegünstigtem Steuersatz*

Veräußerungspreis		EUR 225.000
./. Veräußerungskosten		
Gutachterkosten	EUR 2.500	
Beratungskosten	EUR 7.500	
		EUR 10.000
./. Wert des Betriebsvermögens (nur Anlagevermögen zum Buchwert!)		EUR 50.000
= **Veräußerungsgewinn (vorläufig)**		EUR 165.000
./. Freibetrag (nach Gleitskala!)		
EUR 165.000		
./. EUR 136.000		
	EUR 29.000	
./.	EUR 45.000	
		EUR 16.000
Veräußerungsgewinn		**EUR 149.000**
Praxisgewinn (im Jahr der Veräußerung)		**EUR 150.000**
zu versteuerndes Einkommen (insgesamt)		**EUR 299.000°**
nicht tarifbegünstigte Einkommensteuer (Splittingtabelle)		EUR 126.000
nicht tarifbegünstigter Durchschnittssteuersatz	EUR 126.000 EUR 299.000 = 42,0%	
tarifbegünstigter Steuersatz	56% von 42,0% = 23,5%**	
nicht tarifbegünstigte Einkommensteuer auf Praxisgewinn		
(Splittingtabelle)	**EUR 150.000** = 35,0%	EUR 50.000
tarifbegünstigte Einkommensteuer auf Veräußerungsgewinn	**EUR 149.000** = 23,5%	EUR 35.000
Einkommensteuer insgesamt		EUR 85.000
Steuerbelastung bezogen auf Liquiditätszufluss	**EUR 365.000** = 23,2%	

* Beispiel vereinfacht!
° Hier: Veräußerung bis zum 31.12. des laufenden Jahres unterstellt! Statt dessen empfehlenswert: Veräußerung zum 02.01., spätestens zum 31.03. des Folgejahres!
** 2004 mindestens 16%, 2005 mindestens 15%

II Veräußerungsgewinn

6 Problem: Weiterbetreuung von Privatpatienten

Probleme können allerdings auftreten, wenn der Veräußerer nach der Veräußerung seiner Vertragsarztpraxis weiterhin privatärztlich tätig bleibt.[187] Nach dem BFH[188] ist der tarifbegünstigte Steuersatz auf den Veräußerungsgewinn zu versagen, wenn der Veräußerer seine Tätigkeit im bisherigen Wirkungskreis „in nennenswerter Weise" fortgeführt hat. „Nicht nennenswert" sei die Tätigkeit nur dann, wenn Patienten zurückbehalten werden, auf die weniger als 10 % der Durchschnittseinnahmen der Praxis der letzten drei Jahre entfallen.

Ergänzend gilt nach einer weiteren Entscheidung des BFH[189] nunmehr: Die spätere Steigerung der Einnahmen über 10 % dieser früheren Einnahmen mit den zurückbehaltenen Privatpatienten nach der Veräußerung ist unerheblich. Entscheidend ist also die 10 %-Grenze zum Zeitpunkt der Veräußerung der Praxis. Die Behandlung neuer Patienten nach der Veräußerung ist jedoch wiederum steuerschädlich, und zwar auch ohne Überschreitung der 10 %-Grenze! Der BFH geht hierbei davon aus, dass die Akquisition neuer Patienten zeige, dass der Veräußerer seine Praxis in Wahrheit gar nicht habe aufgeben wollen, also eine echte Betriebsaufgabe nicht vorliege.

Tipp:

Vorsicht mit der weiteren (privat-) ärztlichen Tätigkeit nach Praxisveräußerung! Auf 10 %-Grenze zum Zeitpunkt der Praxisveräußerung achten! Keine Behandlung von neuen Patienten!

Führt der Veräußerer seine Privatarztpraxis außerhalb des bisherigen Einzugsbereichs seiner Praxis fort, gilt diese Rechtsprechung des BFH jedoch nicht. In diesem Fall liegt eine echte Betriebsaufgabe vor.[190] Hier schadet also nicht einmal der weitere Ausbau der Privatpraxis mit neuen Patienten.

---

187 Auf die steuerliche Problematik von sog. Teilbetriebsveräußerungen wird hier nicht näher eingegangen; vgl. hierzu zuletzt BFH vom 04.11.2004 – IV R 17/03, GesR 2005, 217; BFH vom 16.12.2004 – V R 3/03, GesR 2005, 215
188 BFH vom 07.11.1991 – IV R 40/90; BFH vom 08.06.2000 – IV R 63/99 NV
189 BFH vom 06.08.2001 – XI B 5/00
190 FG Düsseldorf vom 06.03.1985 – VIII/IV 362/79 E, EFG 1985, 449; Küntzel in: Ehlers, Rdnr. 566 ff.

Tipp:

Weiterführung der Privatpraxis in deutlicher räumlicher Entfernung, d. h. außerhalb des bisherigen Einzugsbereichs der Praxis ist steuerunschädlich!

7 Sonderfall: Veräußerungsgewinn bei Ratenzahlung bzw. Verrentung des Kaufpreises

Die steuerliche Behandlung des Veräußerungsgewinns ist in diesem Fall ähnlich wie bei der sofortigen Zahlung des Kaufpreises:

a) Kaufpreisraten

Der abgezinste Wert (sog. Barwert) der gesamten Raten wird sofort bei der Veräußerung dem ermäßigten Einkommensteuersatz unterworfen. Die in den Kaufpreisraten enthaltenen Zinsanteile sind herauszurechnen und gelten als nachträgliche laufende Einkünfte aus Kapitalvermögen. Diese sind jeweils im Jahr des Zuflusses der Ratenzahlungen der nicht tarifbegünstigten Einkommensteuer zu unterwerfen, also mit dem „normalen" Steuersatz zu versteuern.

b) Verrentung: Wahlrecht des Veräußerers

Dieser Fall ist wie in Ziffer a) dargestellt zu behandeln, d. h. es erfolgt die sofortige Besteuerung des Kapitalwerts der Rente zum ermäßigten Steuersatz sowie der laufenden Rentenbezüge nur mit dem Ertragsanteil zum nicht tarifbegünstigten Steuersatz, oder nach Wahl des Veräußerers die Besteuerung der gesamten laufenden Rentenbezüge im Jahr des Zuflusses als nachträgliche laufende Einkünfte aus selbständiger Arbeit zum nicht tarifbegünstigten Steuersatz.

c) Vor- und Nachteile

Welche der beiden Möglichkeiten für den Veräußerer im Einzelfall günstiger ist, muss individuell unter Einbeziehung der übrigen zu erwartenden Einkünfte nach der Veräußerung der Praxis berechnet werden. Auch hier ist der Steuerberater gefragt, für seinen Mandanten die optimale Lösung zu entwickeln.

8 Sonderfall: „Praxis im eigenen Haus" bzw. „eigene Praxisimmobilie"

Befinden sich die Praxisräume im Betriebsvermögen des Arztes, ist er also deren Eigentümer und nicht Mieter, werden sie entweder mitveräußert oder – falls dies nicht geschieht – steuerlich wegen Betriebsaufgabe ins Privatvermögen überführt. Die Finanzbehörden gehen in diesem Fall nämlich davon aus, dass der Praxisabgeber nach der Veräußerung der Praxis, auch bei Vermietung der (nicht an den Praxiserwerber veräußerten) Praxisimmobilie, nur noch „Privatier" ist, die Praxisimmobilie also ebenfalls nicht mehr zum (weggefallenen) Betriebsvermögen gehört. Der Vorteil: In beiden Fällen kommt es daher zur Anwendung des tarifbegünstigten Steuersatzes.

Dies birgt aber auch einen Nachteil: Beim Verkauf bzw. beim fiktiven Übergang der Immobilie ins Privatvermögen werden oft erhebliche stille Reserven aufgedeckt, die dann versteuert werden müssen. Da der Buchwert der Praxisimmobilie wegen der Abschreibungen meist erheblich unter dem tatsächlichen Verkehrswert liegt, kann dies trotz der Tarifbegünstigung zu einer erheblichen Steuerbelastung führen. Dies gilt insbesondere dann, wenn die Immobilie vor langer Zeit, z. B. 20 bis 25 Jahren und (aus heutiger Sicht) sehr preisgünstig erworben wurde und bis heute eine erhebliche Wertsteigerung erfahren hat.

Kann oder soll die Immobilie dann nicht mitverkauft werden – dies ist wegen des hohen Finanzierungsvolumens nicht selten der Fall – und fließt dem Erwerber deswegen hierfür keine Liquidität in Form eines Kaufpreises zu, kann der vereinnahmte Kaufpreis für die Praxis durch die anfallende Steuer schlimmstenfalls überwiegend oder sogar ganz aufgezehrt werden!

F *Steuerliche Fragen*

Tipp:

Vorsicht mit der „Praxis im eigenen Haus" bzw. beim Erwerb einer Praxisimmobilie durch den Arzt!

Besser: Erwerb des Hauses bzw. der Praxisimmobilie durch den Arzt-Ehegatten und Vermietung an den Arzt!

Nachträglich lässt sich dieser (meist in frühen Jahren des Berufslebens begangene) Gestaltungsfehler praktisch nur noch mit einer nicht unkomplizierten Umgestaltung lösen, nämlich durch die Einbringung der Praxisimmobilie in eine GmbH & Co. KG. Dies muss aber vorsichtshalber rechtzeitig, d. h. mindestens ein halbes Jahr bis ein Jahr vor der Veräußerung geschehen, andernfalls die Finanzbehörden von einem Gestaltungsmissbrauch (§ 42 AO) ausgehen könnten.

Die (notarielle) Übertragung der Immobilie auf eine solche Gesellschaft, deren Inhaber der Arzt und/oder seine Ehefrau sein kann, ist steuerneutral möglich. Es fallen zwar u. a. notarielle Gründungs- und später wegen der erforderlichen Buchhaltung und Bilanzierung laufende Steuerberatungskosten an; diese stehen jedoch in keinem Verhältnis zu der weit höheren Steuerersparnis, die hierdurch erreicht werden kann! Die nicht unkomplizierten Einzelheiten sollten rechtzeitig durch einen spezialisierten Rechtsanwalt und ggf. Steuerberater geklärt werden. Die aufgezeigte Lösung ist ein (noch) existierendes legales „Steuerschlupfloch" und wurde in den letzten Jahren nicht wenigen Ärzten zur Anwendung empfohlen – und mit großem Erfolg umgesetzt!

Tipp:

Falls „Gestaltungsfehler" vorliegt: Einbringung in die GmbH & Co. KG rechtzeitig vor dem Praxisverkauf!

III Laufender Gewinn im Abgabejahr

Nicht zu vergessen ist, dass der laufende Gewinn im Jahr der Abgabe ebenfalls, und zwar nicht tarifbegünstigt, d. h. mit dem vollen Steuersatz, versteuert werden muss.

Tipp:

Deswegen grundsätzlich Praxisveräußerung nicht zum 31.12. des laufenden Jahres vornehmen, in dem noch laufende Einkünfte aus der Praxis erzielt worden sind, sondern zum 01.01. bzw. 02.01., ggf. auch noch zum 31.03. des Folgejahres! Grundsatz: Je später im Jahr die Veräußerung, desto höher die Steuerlast!

IV Unentgeltliche Abgabe

Erfolgt die Abgabe unentgeltlich, z. B. durch Schenkung der Praxis an die Tochter oder den Sohn, kann dies zu Buchwerten erfolgen, d. h. die stillen Reserven müssen nicht aufgedeckt werden. Diese gehen „in den Büchern" auf den Erwerber über. Deswegen fällt dann kein Veräußerungsgewinn an und keine Einkommensteuer für den Veräußerer aus dem Veräußerungsvorgang. Es fällt allerdings Schenkungssteuer an, wobei sich die Steuerlast wegen der relativen hohen Freibeträge bei Verwandtschaft ersten Grades in Höhe von EUR 205.000,– (§ 16 Abs. 1 Nr. 2 ErbStG) und einem Steuersatz von 7 % bis zu einem steuerpflichtigen Erwerb bis EUR 52.000,–, von 11 % bis EUR 256.000,–, von 15 % bis EUR 512.000,– und von 19 % bis EUR 5.113.000,– (§ 19 Abs. 1 ErbStG) in der Regel in Grenzen hält.

V Veräußerungsgewinn bei Gesellschaftsanteil an Gemeinschaftspraxis

1 Entsprechende Anwendung

Die vorstehenden steuerlichen Ausführungen geltend entsprechend bei der Veräußerung oder Aufgabe eines vollständigen Gesellschaftsanteils, also beim vollständigen Ausscheiden des Veräußerers (§ 16 Abs. 1 Nr. 2 EStG) findet auf Antrag der tarifbegünstigte Steuersatz Anwendung.

2 Ende des sog. Zwei-Stufen-Modells ab 01.01.2002?

Seit Inkrafttreten des UntStFG zum 01.01.2002 ist die Veräußerung oder Aufgabe eines Anteils an einem Gesellschaftsanteil allerdings nicht mehr steuerbegünstigt, d. h. der Veräußerungsgewinn hieraus unterliegt dem vollen laufenden Steuersatz. Diese Gesetzesänderung bedeutete das Ende des früheren sog. Zwei-Stufen-Modells, das bei Übergangsgemeinschaftspraxen gerne angewandt wurde, beispielsweise in Form der Veräußerung eines Gemeinschaftspraxisanteils von zunächst 5 % durch den Seniorpartner an den Juniorpartner bei dessen Einstieg, ein Jahr später von 45 % und schließlich beim Ausstieg des Seniors von weiteren 50 %.[191]

Möglich ist es allerdings nach wie vor, bei einer Übergangsgemeinschaftspraxis zunächst 5 % und erst beim Ausscheiden des Seniorpartners die restlichen 95 % auf den Junior zu übertragen und sich so den tarifbegünstigten Steuersatz auf den „Löwenanteil" zu sichern. Insofern gibt es also nach wie vor noch ein „Zwei-Stufen-Modell" – wenn auch in modifizierter Form. Die Gewinnverteilung kann abweichend hiervon bereits beim Einstieg des Juniorpartners höher als 5 % vereinbart werden. Auch kann (und sollte) der Junior sogleich die vollen Gesellschafterrechte erhalten, so dass er von Anfang an wie ein gleichberechtigter Partner auftritt, auch wenn er übergangsweise nur zu 5 % am Vermögen der Gemeinschaftspraxis beteiligt ist.[192]

---

191 hierzu zuletzt BFH vom 16.09.2004, MedR 2005, 114
192 hierzu Engelmann, ZMGR 2001, 3

G Ausblick

Die Bevölkerung ist zu mehr als 90% in der Gesetzlichen Krankenversicherung (GKV) krankenversichert. Änderungen der GKV führen zu sozialen Verschiebungen, die Unruhe und Ängste in der Gesellschaft, insbesondere auch in der Ärzteschaft auslösen. Das alte Bismarcksche Solidarsystem ist vor allem aufgrund der demographischen und wirtschaftlichen Entwicklung einer erheblichen Zerreißprobe unterworfen (niedrige Geburtenrate, längere Lebensdauer und erhebliche Leistungsausweitung aufgrund des medizinischen Fortschritts).

Der Beitragssatz zur GKV betrug 2003 ca. 14% bis 15% und würde ohne Eingriffe des Gesetzgebers bis zum Jahr 2030 mutmaßlich auf ca. 27 bis 30% ansteigen. Mit dem rasanten Ausgabenanstieg können die Einnahmen nicht mehr Schritt halten. Diese Finanzierungslücke kann kurz- bis mittelfristig nicht mehr durch eine weitere Steigerung der Beitragssätze finanziert werden. Steigende Sozialbeiträge führen zwangsläufig zu höheren Lohnneben- und damit Arbeitskosten und infolge dessen zu steigender Arbeitslosigkeit, diese dann wieder zu geringeren Einnahmen – ein Teufelskreis!

Die früheren Gesetzesreformen haben das heute brisant gewordene Problem entweder nicht erkannt, es nicht lösen können oder nicht lösen wollen. Dies gilt insbesondere für das Gesundheitsreformgesetz (GRG 1989), Gesundheitsstrukturgesetz (GSG 1993), 2. GKV-Neuordnungsgesetz (2. GKV-NOG 1997), GKV-Solidaritätsstärkungsgesetz (GKV-SolG 1999) und das GKV-Gesundheitsreformgesetz (GKV-GRG 2000).

Am 1.1.2004 ist dann das GKV-Modernisierungsgesetz (GMG 2004) in Kraft getreten, angeblich die „Große Gesundheitsreform". Ob das GMG wirklich die grundlegende Reform der GKV gewesen

G Ausblick

ist, muss schon heute bezweifelt werden. Das GMG selbst spricht eingangs der Gesetzesbegründung zwar von einer grundlegenden Reform. Im Widerspruch dazu heißt es jedoch wenig später: „Mit der nun eingeleiteten Gesundheitsreform wird die Gesetzliche Krankenversicherung mittelfristig stabilisiert. Die Beitragssätze können deutlich sinken. Allerdings werden dabei nicht alle Probleme der Zukunft gelöst. Die Systeme der sozialen Sicherung stehen mittel- und langfristig vor weiteren schwierigen Herausforderungen".[193] So ist es!

Bereits heute – knapp zwei Jahre nach der Reform – steht fest, dass die geplante Beitragssatzsenkung von 14,30 % (2002) über 12,95 % (2004) und 12,65 % (2005) auf 12,15 % (2006) durch das GMG nicht erreicht werden konnte. Allerdings: Das GMG ist ohne Zweifel die tiefgreifendste Reform der letzten Jahre seit 1992. Einige der berüchtigten „verkrusteten" Strukturen wurden massiv umgekrempelt, insbesondere durch die Einführung der Medizinischen Versorgungszentren und die Stärkung der Integrierten Versorgung. Diese Tatsache ist von der Ärzteschaft bisher noch nicht wirklich erkannt worden.

Nichtsdestotrotz dürfte die Veräußerung von Vertragsarztpraxen mit der Übertragung der daran gebundenen Vertragsarztzulassung bis auf weiteres möglich bleiben. Dies dürfte wegen der Schutzwirkung der verfassungsrechtlichen Eigentumsgarantie (Art. 14 GG) auch für die nächste „große" Gesundheitsreform gelten – sei es nun die „Bürgerversicherung" oder die „Gesundheitsprämie", die durch sie eingeführt werden könnte. Aufgrund der politischen Entwicklung im Herbst 2005 in Berlin dürfte mit einer solchen Reform ohnehin nicht vor dem Jahr 2010 zu rechnen sein.

Dass dies durchaus nicht selbstverständlich ist, haben die (später dann verworfenen) gesetzgeberischen Pläne im 1. Entwurf des GMG 2004[194] gezeigt, der aufgrund der geplanten Teilauflösung des Sicherstellungsauftrages der Kassenärztlichen Vereinigungen den meisten Fachärzten (mit Ausnahme von Allgemeinärzten und hausärztlichen Internisten, Kinder- und Jugendärzten, Gynäkologen und Augenärzten) die Möglichkeit der Veräußerung ihrer Praxis mittel- bis langfristig gesehen genommen hätte – ein wahrhaft

---

193 BT-Drucksache 15/ 1525, A.I.2
194 BT-Drucksache 15/ 1170, B.IV.5

bedrückendes Szenario für die Betroffenen, das sich damals nicht verwirklicht hat – und dies auch in der Zukunft (hoffentlich) nicht tun wird.

H Einschlägige Gesetzestexte

Sozialgesetzbuch (SGB) – Fünftes Buch (V) – Gesetzliche Krankenversicherung[195]

vom 20.12.1988 (BGBl. I S. 2477),
zuletzt geändert durch Art. 3 a G vom 29.8.2005 (BGBl. I S. 2570)

Auszug

...

§73b
Hausarztzentrierte Versorgung

(1) ¹Versicherte können sich gegenüber ihrer Krankenkasse schriftlich verpflichten, ambulante fachärztliche Leistungen nur auf Überweisung des von ihnen aus dem Kreis der Hausärzte nach Absatz 2 gewählten Hausarztes in Anspruch zu nehmen (hausarztzentrierte Versorgung). ²Der Versicherte ist an diese Verpflichtung und an die Wahl seines Hausarztes mindestens ein Jahr gebunden; er soll den gewählten Hausarzt nur bei Vorliegen eines wichtigen Grundes wechseln.

(2) ¹Die Krankenkassen haben zur Sicherstellung der hausarztzentrierten Versorgung mit besonders qualifizierten Hausärzten Verträge zu schließen. ²Die Verträge können abgeschlossen werden mit

1. zugelassenen Hausärzten, die die Qualitätsanforderungen nach Absatz 3 erfüllen, und Gemeinschaften dieser Hausärzte sowie

---
195 Das Gesetz ist Art. 1 des Gesetzes zur Strukturreform im Gesundheitswesen (Gesundheits-Reformgesetz – GRG).

H Einschlägige Gesetzestexte

2. zugelassenen medizinischen Versorgungszentren, die die Erbringung der hausärztlichen Leistungen unter Beachtung der Qualitätsanforderungen nach Absatz 3 gewährleisten.

³Ein Anspruch auf Vertragsschluss besteht nicht;, die Aufforderung zur Abgabe eines Angebots ist unter Bekanntgabe objektiver Auswahlkriterien öffentlich auszuschreiben.

(3) ¹In den Gesamtverträgen ist das Nähere über den Inhalt der hausarztzentrierten Versorgung, insbesondere die die Anforderungen nach § 73 Abs. 1 b und 1 c übersteigenden besonderen sächlichen und personellen Anforderungen an eine hausarztzentrierte Versorgung zu vereinbaren. ²Dabei sind außerdem Regelungen zu treffen, wie diese hausarztzentrierte Versorgung zu vergüten ist, sowie ob und wie diese Vergütung auf die in den Gesamtverträgen nach § 85 oder § 85 a vereinbarten Vergütungen anzurechnen ist. ³Bundesmantelvertragliche Regelungen sind möglich.

(4) Das Nähere zur Durchführung der Teilnahme der Versicherten regeln die Krankenkassen in ihren Satzungen.

. . .

§ 75
Inhalt und Umfang der Sicherstellung

(1) ¹Die Kassenärztlichen Vereinigungen und die Kassenärztlichen Bundesvereinigungen haben die vertragsärztliche Versorgung in dem in § 73 Abs. 2 bezeichneten Umfang sicherzustellen und den Krankenkassen und ihren Verbänden gegenüber die Gewähr dafür zu übernehmen, dass die vertragsärztliche Versorgung den gesetzlichen und vertraglichen Erfordernissen entspricht. ²Die Sicherstellung umfasst auch die vertragsärztliche Versorgung zu den sprechstundenfreien Zeiten (Notdienst), nicht jedoch die notärztliche Versorgung im Rahmen des Rettungsdienstes, soweit Landesrecht nichts anderes bestimmt. ³Kommt die Kassenärztliche Vereinigung ihrem Sicherstellungsauftrag aus Gründen, die sie zu vertreten hat, nicht nach, können die Krankenkassen die in den Gesamtverträgen nach § 85 oder § 85a vereinbarten Vergütungen teilweise zurückbehalten. ⁴Die Einzelheiten regeln die Partner der Bundesmantelverträge.

. . .

Sozialgesetzbuch (SGB) – Fünftes Buch (V)

§95
Teilnahme an der vertragsärztlichen Versorgung

(1) ¹An der vertragsärztlichen Versorgung nehmen zugelassene Ärzte und zugelassene medizinische Versorgungszentren sowie ermächtigte Ärzte und ermächtigte ärztlich geleitete Einrichtungen teil. ²Medizinische Versorgungszentren sind fachübergreifende ärztlich geleitete Einrichtungen, in denen Ärzte, die in das Arztregister nach Absatz 2 Satz 3 Nr. 1 eingetragen sind, als Angestellte oder Vertragsärzte tätig sind. ³Die medizinischen Versorgungszentren können sich aller zulässigen Organisationsformen bedienen; sie können von den Leistungserbringern, die auf Grund von Zulassung, Ermächtigung oder Vertrag an der medizinischen Versorgung der Versicherten teilnehmen, gegründet werden. ⁴Die Zulassung erfolgt für den Ort der Niederlassung als Arzt oder den Ort der Niederlassung als medizinisches Versorgungszentrum (Vertragsarztsitz).

...

§98
Zulassungsverordnungen

...

12. den Ausschluss einer Zulassung oder Ermächtigung von Ärzten, die das fünfundfünfzigste Lebensjahr vollendet haben, sowie die Voraussetzungen für Ausnahmen von diesem Grundsatz, soweit die Ermächtigung zur Sicherstellung erforderlich ist, und in Härtefällen,

...

§101
Überversorgung

...

1. einheitliche Verhältniszahlen für den allgemeinen bedarfsgerechten Versorgungsgrad in der vertragsärztlichen Versorgung,

2. Maßstäbe für eine ausgewogene hausärztliche und fachärztliche Versorgungsstruktur,

3. Vorgaben für die ausnahmsweise Besetzung zusätzlicher Vertragsarztsitze, soweit diese zur Wahrung der Qualität der ver-

tragsärztlichen Versorgung in einem Versorgungsbereich unerlässlich sind,

4. Ausnahmeregelungen für die Zulassung eines Arztes in einem Planungsbereich, für den Zulassungsbeschränkungen angeordnet sind, sofern der Arzt die vertragsärztliche Tätigkeit gemeinsam mit einem dort bereits tätigen Vertragsarzt desselben Fachgebiets ausüben will und sich die Partner der Gemeinschaftspraxis gegenüber dem Zulassungsausschuss zu einer Leistungsbegrenzung verpflichten, die den bisherigen Praxisumfang nicht wesentlich überschreitet, dies gilt für die Anstellung eines Arztes in einer Einrichtung nach § 311 Abs. 2 Satz 1 und in einem medizinischen Versorgungszentrum entsprechend; bei der Ermittlung des Versorgungsgrades ist der Arzt nicht mitzurechnen; § 85 Abs. 4b Satz 3 und 4 gilt nicht,

5. Regelungen für die Anstellung eines ganztags beschäftigten Arztes oder zweier halbtags beschäftigter Ärzte bei einem Vertragsarzt desselben Fachgebiets, sofern sich der Vertragsarzt gegenüber dem Zulassungsausschuss zu einer Leistungsbegrenzung verpflichtet, die den bisherigen Praxisumfang nicht wesentlich überschreitet; bei der Ermittlung des Versorgungsgrades sind die angestellten Ärzte nicht mitzurechnen; § 85 Abs. 4b Satz 7 erster Halbsatz und Satz 8 gelten nicht.

. . .

(3) [1]Im Falle des Absatzes 1 Nr. 4 erhält der Arzt eine auf die Dauer der gemeinsamen vertragsärztlichen Tätigkeit beschränkte Zulassung. [2]Die Beschränkung und die Leistungsbegrenzung nach Absatz 1 Satz 1 Nr. 4 enden bei Aufhebung der Zulassungsbeschränkungen nach § 103 Abs. 3, spätestens jedoch nach zehnjähriger gemeinsamer vertragsärztlicher Tätigkeit. [3]Endet die Beschränkung, wird der Arzt bei der Ermittlung des Versorgungsgrades mitgerechnet. [4]Im Fall der Praxisfortführung nach § 103 Abs. 4 ist bei der Auswahl der Bewerber die gemeinschaftliche Praxisausübung des in Absatz 1 Nr. 4 genannten Arztes erst nach mindestens fünfjähriger gemeinsamer vertragsärztlicher Tätigkeit zu berücksichtigen. [5]Für die Einrichtungen nach § 311 Abs. 2 Satz 1 gelten die Sätze 2 und 3 entsprechend.

. . .

Sozialgesetzbuch (SGB) – Fünftes Buch (V)

§102
Bedarfszulassung

(1) ¹Ab 1. Januar 2003 erfolgt die Zulassung auf Grund von Verhältniszahlen, die gesetzlich festgelegt werden. ²Die Festlegung der Verhältniszahlen erfolgt arztgruppenbezogen und regelt das Verhältnis von Hausärzten und Fachärzten. ³Der Gemeinsame Bundesausschuss hat in Richtlinien Kriterien für die Anwendung der Verhältniszahlen auf ärztliche Zusammenschlüsse zu erarbeiten. ⁴Auf der Grundlage dieser Kriterien kann die Bildung von ärztlichen Zusammenschlüssen bei der Entscheidung über Zulassungen gefördert werden. ⁵Zulassungsanträge von Ärzten, die zu einer Überschreitung der Verhältniszahl nach Satz 1 führen würden, sind vom Zulassungsausschuss abzulehnen, es sei denn, der Bedarfsplan für das jeweilige Versorgungsgebiet sieht ausnahmsweise die Besetzung zusätzlicher Vertragsarztsitze vor, soweit diese zur Wahrung der Qualität der vertragsärztlichen Versorgung in einem Versorgungsbereich unerlässlich sind.

(2) Das Bundesministerium für Gesundheit und Soziale Sicherung hat bis zum 31. Dezember 2001 durch Beauftragung eines geeigneten wissenschaftlichen Instituts die erforderliche Datengrundlage für die Bedarfszulassung nach gesetzlich festzulegenden Verhältniszahlen nach Absatz 1 erstellen zu lassen.

§103
Zulassungsbeschränkungen

...

(4) ¹Wenn die Zulassung eines Vertragsarztes in einem Planungsbereich, für den Zulassungsbeschränkungen angeordnet sind, durch Erreichen der Altersgrenze, Tod, Verzicht oder Entziehung endet und die Praxis von einem Nachfolger fortgeführt werden soll, hat die Kassenärztliche Vereinigung auf Antrag des Vertragsarztes oder seiner zur Verfügung über die Praxis berechtigten Erben diesen Vertragsarztsitz in den für ihre amtlichen Bekanntmachungen vorgesehenen Blättern unverzüglich auszuschreiben und eine Liste der eingehenden Bewerbungen zu erstellen. ²Dem Zulassungsausschuss sowie dem Vertragsarzt oder seinen Erben ist eine Liste der eingehenden Bewerbungen zur Verfügung zu stellen. ³Unter mehreren Bewerbern, die die ausgeschriebene Praxis als

H Einschlägige Gesetzestexte

Nachfolger des bisherigen Vertragsarztes fortführen wollen, hat der Zulassungsausschuss den Nachfolger nach pflichtgemäßem Ermessen auszuwählen. [4]Bei der Auswahl der Bewerber sind die berufliche Eignung, das Approbationsalter und die Dauer der ärztlichen Tätigkeit zu berücksichtigen, ferner, ob der Bewerber der Ehegatte, ein Kind, ein angestellter Arzt des bisherigen Vertragsarztes oder ein Vertragsarzt ist, mit dem die Praxis bisher gemeinschaftlich ausgeübt wurde. [5]Ab dem 1. Januar 2006 sind für ausgeschriebene Hausarztsitze vorrangig Allgemeinärzte zu berücksichtigen. [6]Die wirtschaftlichen Interessen des ausscheidenden Vertragsarztes oder seiner Erben sind nur insoweit zu berücksichtigen, als der Kaufpreis die Höhe des Verkehrswerts der Praxis nicht übersteigt.

(4a) [1]Verzichtet ein Vertragsarzt in einem Planungsbereich, für den Zulassungsbeschränkungen angeordnet sind, auf seine Zulassung, um in einem medizinischen Versorgungszentrum tätig zu werden, so hat der Zulassungsausschuss die Anstellung zu genehmigen; eine Fortführung der Praxis nach Absatz 4 ist nicht möglich. [2]Soll die vertragsärztliche Tätigkeit in den Fällen der Beendigung der Zulassung nach Absatz 4 Satz 1 von einem Praxisnachfolger weitergeführt werden, kann die Praxis auch in der Form weitergeführt werden, dass ein medizinisches Versorgungszentrum den Vertragsarztsitz übernimmt und die vertragsärztliche Tätigkeit durch einen angestellten Arzt in der Einrichtung weiterführt. [3]Die Absätze 4 und 5 gelten entsprechend. [4]Nach einer Tätigkeit von mindestens fünf Jahren in einem medizinischen Versorgungszentrum, dessen Sitz in einem Planungsbereich liegt, für den Zulassungsbeschränkungen angeordnet sind, erhält ein Arzt unbeschadet der Zulassungsbeschränkungen auf Antrag eine Zulassung in diesem Planungsbereich; dies gilt nicht für Ärzte, die auf Grund einer Nachbesetzung nach Satz 5 in einem medizinischen Versorgungszentrum tätig sind. [5]Medizinischen Versorgungszentren ist die Nachbesetzung einer Arztstelle möglich, auch wenn Zulassungsbeschränkungen angeordnet sind.

(5) [1]Die Kassenärztlichen Vereinigungen (Registerstelle) führen für jeden Planungsbereich eine Warteliste. [2]In die Warteliste werden auf Antrag die Ärzte, die sich um einen Vertragsarztsitz bewerben und in das Arztregister eingetragen sind, aufgenommen. [3]Bei der Auswahl der Bewerber für die Übernahme einer Vertragsarztpra-

xis nach Absatz 4 ist die Dauer der Eintragung in die Warteliste zu berücksichtigen.

(6) ¹Endet die Zulassung eines Vertragsarztes, der die Praxis bisher mit einem oder mehreren Vertragsärzten gemeinschaftlich ausgeübt hat, so gelten die Absätze 4 und 5 entsprechend. ²Die Interessen des oder der in der Praxis verbleibenden Vertragsärzte sind bei der Bewerberauswahl angemessen zu berücksichtigen.

(7) ¹In einem Planungsbereich, für den Zulassungsbeschränkungen angeordnet sind, haben Krankenhausträger das Angebot zum Abschluss von Belegarztverträgen auszuschreiben. ²Kommt ein Belegarztvertrag mit einem im Planungsbereich niedergelassenen Vertragsarzt nicht zustande, kann der Krankenhausträger mit einem bisher im Planungsbereich nicht niedergelassenen geeigneten Arzt einen Belegarztvertrag schließen. ³Dieser erhält eine auf die Dauer der belegärztlichen Tätigkeit beschränkte Zulassung; die Beschränkung entfällt bei Aufhebung der Zulassungsbeschränkungen nach Absatz 3, spätestens nach Ablauf von zehn Jahren.

. . .

§ 140 a
Integrierte Versorgung

(1) ¹Abweichend von den übrigen Regelungen dieses Kapitels können die Krankenkassen Verträge über eine verschiedene Leistungssektoren übergreifende Versorgung der Versicherten oder eine interdisziplinär-fachübergreifende Versorgung mit den in § 140 b Abs. 1 genannten Vertragspartnern abschließen. ²Soweit die Versorgung der Versicherten nach diesen Verträgen durchgeführt wird, ist der Sicherstellungsauftrag nach § 75 Abs. 1 eingeschränkt. ³Das Versorgungsangebot und die Voraussetzungen seiner Inanspruchnahme ergeben sich aus dem Vertrag zur integrierten Versorgung.

(2) ¹Die Teilnahme der Versicherten an den integrierten Versorgungsformen ist freiwillig. ²Ein behandelnder Leistungserbringer darf aus der gemeinsamen Dokumentation nach § 140 b Abs. 3 die den Versicherten betreffenden Behandlungsdaten und Befunde nur dann abrufen, wenn der Versicherte ihm gegenüber seine Einwilligung erteilt hat, die Information für den konkret anstehenden Behandlungsfall genutzt werden soll und der Leistungserbringer

H Einschlägige Gesetzestexte

zu dem Personenkreis gehört, der nach § 203 des Strafgesetzbuches zur Geheimhaltung verpflichtet ist.

(3) Die Versicherten haben das Recht, von ihrer Krankenkasse umfassend über die Verträge zur integrierten Versorgung, die teilnehmenden Leistungserbringer, besondere Leistungen und vereinbarte Qualitätsstandards informiert zu werden.

§ 140 b
Verträge zu integrierten Versorgungsformen

(1) Die Krankenkassen können die Verträge nach § 140 a Abs. 1 nur mit

1. einzelnen, zur vertragsärztlichen Versorgung zugelassenen Ärzten und Zahnärzten und einzelnen sonstigen, nach diesem Kapitel zur Versorgung der Versicherten berechtigten Leistungserbringern oder deren Gemeinschaften,

2. Trägern zugelassener Krankenhäuser, soweit sie zur Versorgung der Versicherten berechtigt sind, Trägern von stationären Vorsorge- und Rehabilitationseinrichtungen, soweit mit ihnen ein Versorgungsvertrag nach § 111 Abs. 2 besteht, Trägern von ambulanten Rehabilitationseinrichtungen oder deren Gemeinschaften,

3. Trägern von Einrichtungen nach § 95 Abs. 1 Satz 2 oder deren Gemeinschaften,

4. Trägern von Einrichtungen, die eine integrierte Versorgung nach § 140 a durch zur Versorgung der Versicherten nach dem Vierten Kapitel berechtigte Leistungserbringer anbieten,

5. Gemeinschaften der vorgenannten Leistungserbringer und deren Gemeinschaften

abschließen.

(2) *– aufgehoben –*

(3) [1]In den Verträgen nach Absatz 1 müssen sich die Vertragspartner der Krankenkassen zu einer qualitätsgesicherten, wirksamen, ausreichenden, zweckmäßigen und wirtschaftlichen Versorgung der Versicherten verpflichten. [2]Die Vertragspartner haben die Erfüllung der Leistungsansprüche der Versicherten nach den §§ 2 und 11 bis 62 in dem Maße zu gewährleisten, zu dem die Leistungs-

erbringer nach diesem Kapitel verpflichtet sind. ³Insbesondere müssen die Vertragspartner die Gewähr dafür übernehmen, dass sie die organisatorischen, betriebswirtschaftlichen sowie die medizinischen und medizinisch-technischen Voraussetzungen für die vereinbarte integrierte Versorgung entsprechend dem allgemein anerkannten Stand der medizinischen Erkenntnisse und des medizinischen Fortschritts erfüllen und eine an dem Versorgungsbedarf der Versicherten orientierte Zusammenarbeit zwischen allen an der Versorgung Beteiligten einschließlich der Koordination zwischen den verschiedenen Versorgungsbereichen und einer ausreichenden Dokumentation, die allen an der integrierten Versorgung Beteiligten im jeweils erforderlichen Umfang zugänglich sein muss, sicherstellen. ⁴Gegenstand des Versorgungsauftrags an die Vertragspartner der Krankenkassen nach den Absätzen 1 und 2 dürfen nur solche Leistungen sein, über deren Eignung als Leistung der Krankenversicherung der Gemeinsame Bundesausschuss nach § 91 im Rahmen der Beschlüsse nach § 92 Abs. 1 Satz 2 Nr. 5 und im Rahmen der Beschlüsse nach § 137 c Abs. 1 keine ablehnende Entscheidung getroffen hat.

(4) ¹Die Verträge können Abweichendes von den Vorschriften dieses Kapitels, des Krankenhausfinanzierungsgesetzes, des Krankenhausentgeltgesetzes sowie den nach diesen Vorschriften getroffenen Regelungen insoweit regeln, als die abweichende Regelung dem Sinn und der Eigenart der integrierten Versorgung entspricht, die Qualität, die Wirksamkeit und die Wirtschaftlichkeit der integrierten Versorgung verbessert oder aus sonstigen Gründen zu ihrer Durchführung erforderlich ist. ²Der Grundsatz der Beitragssatzstabilität nach § 71 Abs. 1 gilt für Verträge, die bis zum 31. Dezember 2006 abgeschlossen werden, nicht. ³Die Vertragspartner der integrierten Versorgung können sich auf der Grundlage ihres jeweiligen Zulassungsstatus für die Durchführung der integrierten Versorgung darauf verständigen, dass Leistungen auch dann erbracht werden können, wenn die Erbringung dieser Leistungen vom Zulassungs- oder Ermächtigungsstatus des jeweiligen Leistungserbringers nicht gedeckt ist.

(5) Ein Beitritt Dritter zu Verträgen der integrierten Versorgung ist nur mit Zustimmung aller Vertragspartner möglich.

§ 140 c
Vergütung

(1) ¹Die Verträge zur integrierten Versorgung legen die Vergütung fest. ²Aus der Vergütung für die integrierten Versorgungsformen sind sämtliche Leistungen, die von teilnehmenden Versicherten im Rahmen des vertraglichen Versorgungsauftrags in Anspruch genommen werden, zu vergüten. ³Dies gilt auch für die Inanspruchnahme von Leistungen von nicht an der integrierten Versorgung teilnehmenden Leistungserbringern, soweit die Versicherten von an der integrierten Versorgung teilnehmenden Leistungserbringer überwiesen wurden oder aus sonstigen, in dem Vertrag zur integrierten Versorgung geregelten Gründen berechtigt waren, nicht teilnehmende Leistungserbringer in Anspruch zu nehmen.

(2) ¹Die Verträge zur integrierten Versorgung können die Übernahme der Budgetverantwortung insgesamt oder für definierte Teilbereiche (kombiniertes Budget) vorsehen. ²Die Zahl der teilnehmenden Versicherten und deren Risikostruktur sind zu berücksichtigen. ³Ergänzende Morbiditätskriterien sollen in den Vereinbarungen berücksichtigt werden.

. . .

Zulassungsverordnung für Vertragsärzte (Ärzte-ZV)

vom 28.5.1957 (BGBl. I S. 572, ber. S. 608), zuletzt geändert durch Art. 4 Abs. 69 G vom 5.5.2004 (BGBl. I S. 718)

Auszug

...

§24

(1) Die Zulassung erfolgt für den Ort der Niederlassung als Arzt (Vertragsarztsitz).

(2) Der Vertragsarzt muss am Vertragsarztsitz seine Sprechstunde halten. Er hat seine Wohnung so zu wählen, dass er für die ärztliche Versorgung der Versicherten an seinem Vertragsarztsitz, zur Verfügung steht. Liegt der Vertragsarztsitz in einem unterversorgten Gebiet, gilt die Pflicht bei der Wohnungswahl nach Satz 2 nicht.

...

§25

Die Zulassung eines Arztes, der das 55. Lebensjahr vollendet hat, ist ausgeschlossen. Der Zulassungsausschuss kann von Satz 1 in Ausnahmefällen abweichen, wenn dies zur Vermeidung von unbilligen Härten erforderlich ist.

...

§28

(1) Der Verzicht auf die Zulassung wird mit dem Ende des auf den Zugang der Verzichtserklärung des Vertragsarztes beim Zulassungsausschuss folgenden Kalendervierteljahres wirksam. Diese Frist kann verkürzt werden, wenn der Vertragsarzt nachweist, dass für ihn die weitere Ausübung der vertragsärztlichen Tätigkeit für die gesamte Dauer oder einen Teil der Frist unzumutbar ist. Endet die Zulassung aus anderen Gründen (§95d Abs. 3 und 5 und §95 Abs. 7 des Fünften Buches Sozialgesetzbuch), so ist der Zeitpunkt ihres Endes durch Beschluss des Zulassungsausschusses festzustellen.

...

§32

(1) Der Vertragsarzt hat die vertragsärztliche Tätigkeit persönlich in freier Praxis auszuüben. Bei Krankheit, Urlaub oder Teilnahme an ärztlicher Fortbildung oder an einer Wehrübung kann er sich innerhalb von zwölf Monaten bis zur Dauer von drei Monaten vertreten lassen. Eine Vertragsärztin kann sich in unmittelbarem zeitlichen Zusammenhang mit einer Entbindung bis zu einer Dauer von sechs Monaten vertreten lassen; die Vertretungszeiten dürfen zusammen mit den Vertretungszeiten nach Satz 2 innerhalb eines Zeitraums von zwölf Monaten eine Dauer von sechs Monaten nicht überschreiten. Dauert die Vertretung länger als eine Woche, so ist sie der Kassenärztlichen Vereinigung mitzuteilen. Der Vertragsarzt darf sich nur durch einen anderen Vertragsarzt oder durch einen, Arzt, der die Voraussetzungen des §3 Abs. 2 erfüllt, vertreten lassen.

...

§33

...

(2) Die gemeinsame Ausübung vertragsärztlicher Tätigkeit ist nur zulässig unter Vertragsärzten. Sie bedarf der vorherigen Genehmigung durch den Zulassungsausschuss. Die Kassenärztliche Vereinigung und die Landesverbände der Krankenkassen sowie die Verbände der Ersatzkassen sind vor Beschlussfassung zu hören. Die Genehmigung darf nur versagt werden, wenn die Versorgung der Versicherten beeinträchtigt wird oder landesrechtliche Vorschriften über die ärztliche Berufsausübung entgegenstehen.

...

Richtlinien des Bundesausschusses der Ärzte und Krankenkassen über die Bedarfsplanung sowie die Maßstäbe zur Feststellung von Überversorgung und Unterversorgung in der vertragsärztlichen Versorgung (Bedarfsplanungs-Richtlinien-Ärzte)

i. d. F. der Bek. vom 9. 3. 1993 (BAnz. Nr. 110 a vom 18. 6. 1993), zuletzt geändert durch Beschluss vom 19. 07. 2005 (BAnz Nr. 192 vom 11. 10. 2005, S. 14984)

Auszug

...

4 a. Abschnitt
Zulassung zur gemeinschaftlichen Berufsausübung bei Zulassungsbeschränkungen

23 a. Auf Antrag hat der Zulassungsausschuss einen Arzt in einem Planungsbereich, für dessen Arztgruppe Zulassungsbeschränkungen angeordnet sind, zur gemeinsamen Berufsausübung mit einem bereits zugelassenen Arzt (Vertragsarzt) derselben Arztgruppe mit den Rechtswirkungen des § 101 Abs. 3 SGB V zuzulassen, wenn folgende Voraussetzungen erfüllt sind:

1. Der Antrag stellende Arzt erfüllt in seiner Person die Voraussetzungen der Zulassung.

2. Der Vertrag über die gemeinsame Berufsausübung stellt einen Vertrag zur Bildung einer Gemeinschaftspraxis dar, der die Voraussetzungen der Genehmigungsfähigkeit gemäß § 33 Abs. 2 Satz 2 Ärzte ZV erfüllt.

3. Der Antrag stellende Arzt gehört derselben Arztgruppe wie der Vertragsarzt an, wobei im Einzelnen die Regelungen nach Nr. 23 b zu beachten sind.

4. Der Vertragsarzt und der Antragsteller erklären sich gegenüber dem Zulassungsausschuss schriftlich bereit, während des Bestands der Gemeinschaftspraxis mit dem Antragsteller den zum Zeitpunkt der Antragstellung

H Einschlägige Gesetzestexte

bestehenden Praxisumfang nicht wesentlich zu überschreiten, und erkennen die dazu nach Maßgabe der nachfolgenden Bestimmungen vom Zulassungsausschuss festgelegte Leistungsbeschränkung an; soll der Antragsteller in eine bereits gebildete Gemeinschaftspraxis aufgenommen werden, so sind die Erklärungen von allen Vertragsärzten abzugeben.

23 b. Bei der gemeinschaftlichen Berufsausübung ist eine Fachidentität im Sinne des § 101 Abs. 1 Nr. 4 SGB V erforderlich. Fachidentität liegt vor, wenn die Facharztkompetenz und, sofern eine entsprechende Bezeichnung geführt wird, die Schwerpunktkompetenz übereinstimmen. Einer Übereinstimmung steht nicht entgegen, wenn nur einer der Ärzte über eine Schwerpunktbezeichnung oder Schwerpunktkompetenz verfügt. Sind mehrere Vertragsärzte bereits in gemeinschaftlicher Berufsausübung (Gemeinschaftspraxis) zugelassen, genügt die Übereinstimmung des Gebiets oder der Fachkompetenz des Antrag stellenden Arztes mit einem der in gemeinsamer Berufsausübung verbundenen Vertragsärzte; im Übrigen gelten die Sätze 1 bis 3 entsprechend. Nimmt der Vertragsarzt an der hausärztlichen oder an der fachärztlichen Versorgung gemäß § 73 SGB V teil, ist die Zulassung eines Antrag stellenden Arztes, welcher gemäß § 73 Abs. 1a Satz 2 SGB V wahlberechtigt ist, nur mit der Maßgabe zulässig, dass der Antrag stellende Arzt sich für dieselbe Versorgungsfunktion entscheidet, welche der Vertragsarzt wahrnimmt, und beide Ärzte die Verpflichtung eingehen, Wahlentscheidungen für die hausärztliche oder fachärztliche Versorgung nur gemeinschaftlich zu treffen. Der Zulassungsausschuss hat die Verpflichtung mit der Zulassung des Antrag stellenden Arztes als Auflage zu verbinden.

Übereinstimmung in den Arztgruppen im Sinne des Satzes 1 besteht auch, solange der Vertragsarzt an der hausärztlichen Versorgung nach § 101 Abs. 5 SGB V teilnimmt und sich als Allgemein-/Praktischer Arzt oder als Facharzt für Innere und Allgemeinmedizin (Hausarzt) mit einem Internisten mit Hausarztentscheidung oder als Internist mit Hausarztentscheidung mit einem Allgemein-/Praktischen Arzt oder einem Facharzt für Innere und Allgemeinmedizin (Haus-

Bedarfsplanungs-Richtlinien-Ärzte

arzt) zur gemeinsamen hausärztlichen Berufsausübung zusammenschließt.

Übereinstimmung in den Arztgruppen im Sinne der Sätze 1 und 2 besteht auch,

- wenn sich ein Facharzt für Anästhesiologie mit einem Facharzt für Anästhesiologie und Intensivtherapie zusammenschließt oder

- wenn sich ein Facharzt für Chirurgie mit einem Facharzt für Allgemeine Chirurgie zusammenschließt oder

- wenn sich ein Facharzt für Orthopädie mit einem Facharzt für Orthopädie und Unfallchirurgie zusammenschließt oder

- wenn sich ein Facharzt für Phoniatrie und Pädaudiologie mit einem Facharzt für Sprach-, Stimm- und kindliche Hörstörungen zusammenschließt oder

- wenn sich ein Facharzt für Lungen- und Bronchialheilkunde (Lungenarzt) mit einem Facharzt für Innere Medizin mit Schwerpunkt Pneumologie oder einem Facharzt für Innere Medizin mit Schwerpunktbezeichnung Pneumologie bzw. mit Teilgebietsbezeichnung Lungen- und Bronchialheilkunde zusammenschließt oder

- wenn sich ein Facharzt für Kinderheilkunde mit einem Facharzt für Kinder- und Jugendmedizin zusammenschließt oder

- wenn sich ein Facharzt für Psychotherapeutische Medizin mit einem Facharzt für Psychosomatische Medizin und Psychotherapie zusammenschließt oder

- wenn sich ein Facharzt für Kinder- und Jugendpsychiatrie mit einem Facharzt für Kinder- und Jugendpsychiatrie und -psychotherapie zusammenschließt oder

- wenn sich ein Facharzt für Psychiatrie mit einem Facharzt für Psychiatrie und Psychotherapie zusammenschließt.

Übereinstimmung in den Arztgruppen im Sinne der Sätze 1 und 2 besteht auch, wenn sich Ärzte aus dem Gebiet der Radiologie zusammenschließen.

Übereinstimmung in den Arztgruppen im Sinne der Sätze 1 und 2 besteht auch, wenn sich Ärzte aus dem Gebiet der Inneren Medizin und Allgemeinmedizin, deren Schwerpunkt Bestandteil der Gebietsbezeichnung ist, mit Internisten mit identischer Schwerpunktbezeichnung (nach altem WBO-Recht) zusammenschließen.

Übereinstimmung in den Arztgruppen im Sinne der Sätze 1 und 2 besteht auch, wenn sich Ärzte aus dem Gebiet der Chirurgie, deren Gebietsbezeichnung aus einer Schwerpunktbezeichnung hervorgegangen ist, mit Chirurgen mit identischer Schwerpunktbezeichnung (nach altem WBO-Recht) zusammenschließen; dies gilt nicht für die Fachärzte für Orthopädie und Unfallchirurgie.

Übereinstimmung in den Arztgruppen im Sinne der Sätze 1 und 2 besteht auch, wenn sich ein Facharzt für Nervenheilkunde (Nervenarzt) mit einem Arzt zusammenschließt, der gleichzeitig die Gebietsbezeichnungen Neurologie und Psychiatrie oder gleichzeitig die Gebietsbezeichnungen Neurologie und Psychiatrie und Psychotherapie führt.

Übereinstimmung in den Arztgruppen im Sinne der Sätze 1 und 2 besteht auch, wenn sich ein Laborarzt mit einem Arzt aus dem Gebiet der Mikrobiologie zusammenschließt, sofern die Tätigkeit des Mikrobiologen auf die Labortätigkeit beschränkt wird.

23 c. Vor der Zulassung des Antragstellers legt der Zulassungsausschuss in einer verbindlichen Feststellung zur Beschränkung des Praxisumfangs auf der Grundlage der gegenüber dem Vertragsarzt (den Vertragsärzten) in den vorausgegangenen mindestens vier Quartalen ergangenen Abrechnungsbescheiden quartalsbezogene Gesamtpunktzahlvolumina[196] fest, welche bei der Abrechnung der ärztlichen Leistungen im Rahmen der Gemeinschaftspraxis von dem Vertragsarzt und dem Antragsteller nach seiner Zulassung gemeinsam als Leistungsbeschränkung maßgeblich sind (Obergrenze). Diese Gesamtpunktzahlvolumina sind so festzulegen, dass die in einem entsprechenden Vorjahresquartal gegenüber

---

196 Anstelle der Gesamtpunktzahlvolumina kann die Obergrenze auch auf der Basis von EURO und Punktzahlen gebildet werden.

dem erstzugelassenen Vertragsarzt anerkannten Punktzahlanforderungen um nicht mehr als 3 v. H. überschritten werden. Das Überschreitungsvolumen von 3 v. H. wird jeweils auf den Fachgruppendurchschnitt des Vorjahresquartals bezogen. Das quartalsbezogene Gesamtpunktzahlvolumen (Punktzahlvolumen zuzüglich Überschreitungsvolumen) wird nach Nr. 23 f durch die Kassenärztliche Vereinigung angepasst. Bei Internisten ist zur Ermittlung des Fachgruppendurchschnittes auf die Entscheidung des bereits zugelassenen Vertragsarztes zur hausärztlichen oder fachärztlichen Versorgung abzustellen. Im Übrigen gilt für Anpassungen Nr. 23 e. Außergewöhnliche Entwicklungen im Vorjahr, wie z. B. Krankheit eines Arztes, bleiben außer Betracht; eine Saldierung von Punktzahlen innerhalb des Jahresbezugs der Gesamtpunktzahlen im Vergleich zum Vorjahresvolumen ist zulässig. Der Zulassungsausschuss trifft seine Festlegungen auf der Grundlage der ihm durch die Kassenärztliche Vereinigung übermittelten Angaben.

23 d. Kann wegen der Kürze der bisherigen Tätigkeit des Vertragsarztes ein Vergleich über einen längeren Zeitraum nicht vorgenommen werden, so legt der Zulassungsausschuss das Punktzahlvolumen für die einzelnen Quartale nach Maßgabe des Durchschnitts der Fachgruppe des bereits zugelassenen Vertragsarztes als Obergrenze fest. Hat eine Vertragsärztin oder ein Vertragsarzt wegen der Betreuung und Erziehung von Kindern im Ausgangsberechnungszeitraum im Vergleich zur Fachgruppe geringere Punktzahlvolumina erreicht, gilt Satz 1 entsprechend. Soll der Antrag stellende Arzt in eine bereits bestehende Gemeinschaftspraxis aufgenommen werden, so hat der Zulassungsausschuss die Berechnungen nach Nr. 23 c entsprechend der Zahl der bereits tätigen Vertragsärzte in der Gemeinschaftspraxis zu mindern, handelt es sich um eine fachverschiedene Gemeinschaftspraxis, so ist für die Leistungsbeschränkung Bezugsgröße das Leistungsvolumen des fachidentischen Vertragsarztes.

23 e. Sowohl für die Berechnung des Ausgangspunktzahlvolumens als auch des Vergleichspunktzahlvolumens nach Nr. 23 c ist das im Zeitpunkt der Abrechnung jeweils geltende Berechnungssystem für die vertragsärztlichen Leis-

H Einschlägige Gesetzestexte

tungen maßgeblich. Auf Antrag des Vertragsarztes sind die Gesamtpunktzahlvolumina neu zu bestimmen, wenn Änderungen des EBM oder vertragliche Vereinbarungen, die für das Gebiet der Arztgruppe maßgeblich sind, spürbare Auswirkungen auf die Berechnungsgrundlagen haben. Die Kassenärztlichen Vereinigungen oder die Landesverbände der Krankenkassen und die Verbände der Ersatzkassen können eine Neuberechnung beantragen, wenn Änderungen der Berechnung der für die Obergrenzen maßgeblichen Faktoren eine spürbare Veränderung bewirken und die Beibehaltung der durch den Zulassungsausschuss festgestellten Gesamtpunktzahlvolumina im Verhältnis zu den Ärzten der Fachgruppe eine nicht gerechtfertigte Bevorzugung / Benachteiligung darstellen würde.

23 f. Die Gesamtpunktzahlvolumina zur Beschränkung des Praxisumfangs folgen der Entwicklung des Fachgruppendurchschnitts durch Festlegung eines quartalsbezogenen Prozentwertes (Anpassungsfaktor).

Die Anpassungsfaktoren werden im ersten Leistungsjahr von der Kassenärztlichen Vereinigung errechnet. Die dafür maßgebliche Rechenformel[197] lautet:

$$\frac{PzVol}{PzFg} = Fakt$$

Sie stellen die Grundlage zur Ermittlung der Gesamtpunktzahlvolumina für die Folgejahre dar. Der jeweilige Anpassungsfaktor wird ab dem zweiten Leistungsjahr mit dem Punktzahlvolumendurchschnitt der Fachgruppe multipliziert und ergibt die quartalsbezogene Obergrenze für die Praxis (die Saldierungsregelung nach Nr. 23 c Satz 6 bleibt hiervon unberührt). Die Kassenärztliche Vereinigung teilt

---

197 **Legende zur Rechenformel:**
PzVol = Quartalsbezogenes Gesamtpunktzahlvolumen der Praxis
PzFg = Quartalsbezogener Punktzahlvolumendurchschnitt der jew. Fachgruppe
Fakt = Quartalsbezogener Anpassungsfaktor

Bedarfsplanungs-Richtlinien-Ärzte

dem Vertragsarzt die für ihn verbindlichen Anpassungsfaktoren[198] mit.

---

198 Fiktives Rechenbeispiel zu Nr. 23 f:

(1) Festlegung des Gesamtpunktzahlvolumens für jedes Quartal nach Nr. 23 c durch den Zulassungsausschuss für das erste Leistungsjahr.

Berechnung:

Die im Bezugszeitraum (jew. Vorjahresquartale) anerkannten Punktzahlen der Vertragsarztpraxis zuzüglich 3 % vom Punktzahlvolumendurchschnitt der jew. Fachgruppe ergeben das Gesamtpunktzahlvolumen für das Berechnungsquartal im ersten Leistungsjahr.

Annahme (Punkte in 1000):

Anerkannte Punktzahlen = 1250 Punkte, Fachgruppendurchschnitt = 1314 Punkte

Rechengang:

1250 Punkte + 0,03 × 1314 Punkte = **1289** Punkte

(2) Im ersten Leistungsjahr werden quartalsbezogen die vom Zulassungsausschuss aus dem Bezugszeitraum festgelegten Gesamtpunktzahlvolumina dem Punktzahlvolumen des jew. Fachgruppendurchschnitts gegenübergestellt und in Prozent vom Fachgruppendurchschnitt ausgedrückt.

Berechnung:

Das festgelegte Gesamtpunktzahlvolumen wird in Prozent vom Punktzahlvolumendurchschnitt der jew. Fachgruppe ausgedrückt, welches den Anpassungsfaktor ergibt.

Annahme (Punkte in 1000):

Gesamtpunktzahlvolumen = 1289 Punkte, Fachgruppendurchschnitt = 1321 Punkte

Rechengang:

1289 Punkte : 1321 Punkte = **Faktor 0,976** bzw. 97,6 %

(3) Ab dem zweiten Leistungsjahr wird das individuelle quartalsbezogene Gesamtpunktzahlvolumen der Praxis durch den Anteil des im ersten Leistungsjahr ermittelten Anpassungsfaktors am Fachgruppendurchschnitt ermittelt.

Berechnung:

Der Anpassungsfaktor wird mit dem Punktzahlvolumendurchschnitt der jew. Fachgruppe multipliziert und ergibt das quartalsbezogene Gesamtpunktzahlvolumen.

Annahme (Punkte in 1000):

Anpassungsfaktor: = 0,976 , Fachgruppendurchschnitt = 1330 Punkte

Rechengang:

0,976 × 1330 Punkte = **1298** Punkte

H Einschlägige Gesetzestexte

23 g. Der neu hinzutretende Partner der Gemeinschaftspraxis wird für die Dauer der Regelung nach Nr. 23 a und Nr. 23 b nicht auf den Versorgungsgrad angerechnet.

23 h. Die Bestimmungen der Nummern 23 a bis 23 g dieser Richtlinien gelten entsprechend für Anträge von Psychologischen Psychotherapeuten oder Kinder- und Jugendlichenpsychotherapeuten zur gemeinsamen Berufsausübung mit folgenden Maßgaben:

(1) Gemeinsame Berufsausübung im Sinne der Nr. 23 a ist nur unter zugelassenen und zulassungsfähigen Psychologischen Psychotherapeuten einerseits oder Kinder- und Jugendlichenpsychotherapeuten andererseits zulässig.

(2) Arztgruppe im Sinne der Nr. 23 b ist bei Psychologischen Psychotherapeuten und Kinder- und Jugendlichenpsychotherapeuten der Status als Psychotherapeut unabhängig von der Abrechnungsgenehmigung für die vom Gemeinsamen Bundesausschuss nach den maßgeblichen Psychotherapie-Richtlinien anerkannten Therapieverfahren.

5. Abschnitt
Maßstäbe für qualitätsbezogene Sonderbedarfsfeststellungen

24. Unbeschadet der Anordnung von Zulassungsbeschränkungen durch den Landesausschuss darf der Zulassungsausschuss für Ärzte dem Zulassungsantrag eines Vertragsarztes der betroffenen Arztgruppe entsprechen, wenn eine der nachstehenden Ausnahmen vorliegt:

a) Nachweislicher lokaler Versorgungsbedarf in der vertragsärztlichen Versorgung in Teilen eines großstädtischen Planungsbereichs oder eines großräumigen Landkreises.

b) Es liegt besonderer Versorgungsbedarf vor, wie er durch den Inhalt des Schwerpunkts, einer fakultativen Weiterbildung oder einer besonderen Fachkunde für das Facharztgebiet nach der Weiterbildungsordnung umschrieben ist. Voraussetzung für eine Zulassung ist, dass die ärztlichen Tätigkeiten des qualifizierten Inhalts in dem betreffenden Planungsbereich nicht oder nicht ausreichend zu Verfügung stehen und dass der Arzt die für den besonderen Versorgungsbedarf erforderlichen Qualifikationen durch die entsprechende Facharztbezeichnung sowie die besondere Arztbezeichnung oder Qualifikation (Schwerpunkt, fakultative Weiterbildung, Fachkunde) nachweist. Eine mögliche Leistungserbringung in Krankenhäusern bleibt außer Betracht.

c) Eine qualitätsbezogene Ausnahme kann gestattet werden, wenn durch die Zulassung eines Vertragsarztes, der spezielle ärztliche Tätigkeiten ausübt, die Bildung einer ärztlichen Gemeinschaftspraxis mit spezialistischen Versorgungsaufgaben ermöglicht wird (z. B. kardiologische oder onkologische Schwerpunktpraxen). Buchstabe a gilt entsprechend.

d) Die Voraussetzungen für eine Ausnahme sind gegeben, wenn unbeschadet der festgestellten Überversorgung in einer Arztgruppe, welche nach ihrer Gebietsbeschreibung auch ambulante Operationen einschließt, diese Versorgungsform nicht in ausreichendem Maße angeboten wird. Voraussetzung für eine Ausnahme ist, dass der sich um die Zulassung bewerbende Vertragsarzt schwerpunktmäßig ambulante Operationen aufgrund der dafür erforderlichen Einrichtungen ausübt. Dasselbe gilt im Falle einer Gemeinschaftspraxisbildung mit dem Schwerpunkt ambulante Operationen. Bei der Bedarfsfeststellung bleibt das Leistungsangebot von zu ambulanten Operationen bereiten Krankenhäusern gemäß § 115 b SGB V außer Betracht.

e) Die Voraussetzungen für eine Ausnahme sind gegeben, wenn durch die Kassenärztliche Vereinigung

1. zur Sicherstellung der wohnortnahen Dialyseversorgung einem Vertragsarzt oder

2. aufgrund der Qualitätssicherungsvereinbarung zu den Blutreinigungsverfahren gemäß § 135 Abs. 2 SGB V einem weiteren Arzt in der Dialysepraxis (vgl. § 7 Abs. 1 und 2 der Anlage 9.1 der Bundesmantelverträge)

die Genehmigung zur Durchführung eines Versorgungsauftrags für die nephrologische Versorgung chronisch niereninsuffizienter Patienten mit Dialyseleistungen gemäß §2 Abs. 7 Bundesmantelverträge erteilt werden soll, der Zulassung jedoch Zulassungsbeschränkungen für die Zulassung von Fachärzten für Innere Medizin zur Teilnahme an der fachärztlichinternistischen Versorgung entgegenstehen.

Die Zulassung in den Fällen der Buchstaben a bis d setzt ferner voraus, dass der Versorgungsbedarf dauerhaft erscheint. Bei vorübergehendem Bedarf ist von der Möglichkeit der Ermächtigung Gebrauch zu machen.

25. Die Zulassung gemäß Nr. 24 darf im Falle des Buchstaben a an den Ort der Niederlassung gebunden, und in den Fällen der Buchstaben b bis d mit der Maßgabe erfolgen, dass für den zugelassenen Vertragsarzt nur die ärztlichen Leistungen, welche im Zusammenhang mit dem Ausnahmetatbestand stehen, für eine Übergangszeit von 5 Jahren abrechnungsfähig sind. Im Falle des Buchstaben e) wird die Zulassung mit der Maßgabe erteilt, dass sie auf den definierten Versorgungsauftrag beschränkt ist und im Falle gemeinsamer Berufsausübung auf die Dauer der gemeinsamen Berufsausübung; diese Beschränkung endet, wenn Zulassungsbeschränkungen für die Arztgruppe der an der fachärztlichen Versorgung teilnehmenden Internisten aufgehoben werden, jedoch nur im Umfang des Aufhebungsbeschlusses nach Nr. 23 Satz 1 und unter Beachtung der Reihenfolgeregelung nach Nr. 23 Sätze 5 und 6. Eine Nachfolgebesetzung nach § 103 Abs. 4 SGB V vor Ablauf der vom Zulassungsausschuss festgesetzten maßgeblichen Frist nach Satz 1 bedarf der erneuten Zulassung und kann nur bei Fortbestand der Sonderbedarfsfeststellungen mit Festsetzung einer erneuten Beschränkung erteilt werden.

26. Die Bestimmungen in Nr. 24 gelten entsprechend, wenn der Zulassungsausschuss bei für eine Arztgruppe angeordneten Zulassungsbeschränkungen über den Antrag eines zugelassenen Vertragsarztes zu entscheiden hat, das Gebiet, unter welchem er zugelassen ist, in ein Gebiet zu ändern, für welches Zulassungsbeschränkungen angeordnet worden sind.

...

(Muster-) Berufsordnung für die deutschen Ärztinnen und Ärzte – MBO-Ä 1997 –

i. d. F. der Beschlüsse des 100. Deutschen Ärztetages am 31. 5. 1997 in Eisenach, zuletzt geändert durch die Beschlüsse des 107. Deutschen Ärztetages am 21. 5. 2004 in Bremen (§§ 17–23, Kap. D II Nr. 7–11; §§ 4, 15)

Gelöbnis
Für jeden Arzt gilt folgendes Gelöbnis:

„Bei meiner Aufnahme in den ärztlichen Berufsstand gelobe ich, mein Leben in den Dienst der Menschlichkeit zu stellen.

Ich werde meinen Beruf mit Gewissenhaftigkeit und Würde ausüben.

Die Erhaltung und Wiederherstellung der Gesundheit meiner Patienten soll oberstes Gebot meines Handelns sein.

Ich werde alle mir anvertrauten Geheimnisse auch über den Tod des Patienten hinaus wahren.

Ich werde mit allen meinen Kräften die Ehre und die edle Überlieferung des ärztlichen Berufes aufrechterhalten und bei der Ausübung meiner ärztlichen Pflichten keinen Unterschied machen weder nach Religion, Nationalität, Rasse noch nach Parteizugehörigkeit oder sozialer Stellung.

Ich werde jedem Menschenleben von der Empfängnis an Ehrfurcht entgegenbringen und selbst unter Bedrohung meine ärztliche Kunst nicht in Widerspruch zu den Geboten der Menschlichkeit anwenden.

Ich werde meinen Lehrerinnen und Lehrern sowie Kolleginnen und Kollegen die schuldige Achtung erweisen. Dies alles verspreche ich auf meine Ehre."

Auszug

. . .

§ 20
Vertretung

. . .

(3) Die Praxis einer verstorbenen Ärztin oder eines verstorbenen Arztes kann zugunsten ihres Witwers oder seiner Witwe oder eines

unterhaltsberechtigten Angehörigen in der Regel bis zur Dauer von drei Monaten nach dem Ende des Kalendervierteljahres, in dem der Tod eingetreten ist, durch eine andere Ärztin oder einen anderen Arzt fortgesetzt werden.

. . .

§24
Verträge über ärztliche Tätigkeit

Ärztinnen und Ärzte sollen alle Verträge über ihre ärztliche Tätigkeit vor ihrem Abschluss der Ärztekammer vorlegen, damit geprüft werden kann, ob die beruflichen Belange gewahrt sind.

. . .

Gesetz über die Berufsausübung, die Berufsvertretungen und die Berufsgerichtsbarkeit der Ärzte, Zahnärzte, Tierärzte, Apotheker sowie der Psychologischen Psychotherapeuten und der Kinder- und Jugendlichenpsychotherapeuten (Heilberufe-Kammergesetz – HKaG)

i. d. F. der Bek. vom 6.2.2002 (GVBl. S.42),
zuletzt geändert durch §7 Abs.1 G vom 25.10.2004 (GVBl. S.400)

Auszug

...

Art. 18

...

(3) ¹Das Nähere zu Absatz 1 Satz 1 regelt die Berufsordnung. ²Sie hat zu Absatz 1 Satz 1 Nr. 2 vorzusehen, dass die Teilnahmeverpflichtung nur für einen bestimmten regionalen Bereich gilt und Befreiung von der Teilnahme am Notfall- und Bereitschaftsdienst aus schwer wiegenden Gründen, insbesondere wegen körperlicher Behinderungen, besonders belastender familiärer Pflichten oder wegen Teilnahme an einem klinischen Bereitschaftsdienst mit Notfallversorgung auf Antrag ganz, teilweise oder vorübergehend erteilt werden kann.

...

H Einschlägige Gesetzestexte

Bürgerliches Gesetzbuch (BGB)[199]

i. d. F. der Bek. vom 2.1.2002 (BGBl. I S. 42, ber. S. 2909,
ber. 2003 S. 738),
zuletzt geändert durch Art. 3 Abs. 1 G vom 7.7.2005 (BGBl. I
S. 1970, 2012)

---

[199] Amtlicher Hinweis:
Dieses Gesetz dient der Umsetzung folgender Richtlinien:
1. Richtlinie 76/207/EWG des Rates vom 9. Februar 1976 zur Verwirklichung des Grundsatzes der Gleichbehandlung von Männern und Frauen hinsichtlich des Zugangs zur Beschäftigung, zur Berufsbildung und zum beruflichen Aufstieg sowie in Bezug auf die Arbeitsbedingungen (ABl. EG Nr. L 39 S. 40),
2. Richtlinie 77/187/EWG des Rates vom 14. Februar 1977 zur Angleichung der Rechtsvorschriften der Mitgliedstaaten über die Wahrung von Ansprüchen der Arbeitnehmer beim Übergang von Unternehmen, Betrieben oder Betriebsteilen (ABl. EG Nr. L 61 S. 26),
3. Richtlinie 85/577/EWG des Rates vom 20. Dezember 1985 betreffend den Verbraucherschutz im Falle von außerhalb von Geschäftsräumen geschlossenen Verträgen (ABl. EG Nr. L 372 S. 31),
4. Richtlinie 87/102/EWG des Rates zur Angleichung der Rechts- und Verwaltungsvorschriften der Mitgliedstaaten über den Verbraucherkredit (ABl. EG Nr. L 42 S. 48), zuletzt geändert durch die Richtlinie 98/7/EG des Europäischen Parlaments und des Rates vom 16. Februar 1998 zur Änderung der Richtlinie 87/102/EWG zur Angleichung der Rechts- und Verwaltungsvorschriften der Mitgliedstaaten über den Verbraucherkredit (ABl. EG Nr. L 101 S. 17),
5. Richtlinie 90/314/EWG des Europäischen Parlaments und des Rates vom 13. Juni 1990 über Pauschalreisen (ABl. EG Nr. L 158 S. 59),
6. Richtlinie 93/13/EWG des Rates vom 5. April 1993 über missbräuchliche Klauseln in Verbraucherverträgen (ABl. EG Nr. L 95 S. 29),
7. Richtlinie 94/47/EG des Europäischen Parlaments und des Rates vom 26. Oktober 1994 zum Schutz der Erwerber im Hinblick auf bestimmte Aspekte von Verträgen über den Erwerb von Teilzeitnutzungsrechten an Immobilien (ABl. EG Nr. L 280 S. 82),
8. der Richtlinie 97/5/EG des Europäischen Parlaments und des Rates vom 27. Januar 1997 über grenzüberschreitende Überweisungen (ABl. EG Nr. L 43 S. 25),
9. Richtlinie 97/7/EG des Europäischen Parlaments und des Rates vom 20. Mai 1997 über den Verbraucherschutz bei Vertragsabschlüssen im Fernabsatz (ABl. EG Nr. L 144 S. 19),
10. Artikel 3 bis 5 der Richtlinie 98/26/EG des Europäischen Parlaments und des Rates über die Wirksamkeit von Abrechnungen in Zahlungs- und Wertpapierliefer- und -abrechnungssystemen vom 19. Mai 1998 (ABl. EG Nr. L 166 S. 45),
11. Richtlinie 1999/44/EG des Europäischen Parlaments und des Rates vom 25. Mai 1999 zu bestimmten Aspekten des Verbrauchsgüterkaufs und der Garantien für Verbrauchsgüter (ABl. EG Nr. L 171 S. 12),
12. Artikel 10, 11 und 18 der Richtlinie 2000/31/EG des Europäischen Parlaments und des Rates vom 8. Juni 2000 über bestimmte rechtliche Aspekte der Dienste der Informationsgesellschaft, insbesondere des elektronischen Geschäftsverkehrs, im Binnenmarkt („Richtlinie über den elektronischen Geschäftsverkehr", ABl. EG Nr. L 178 S. 1),
13. Richtlinie 2000/35/EG des Europäischen Parlaments und des Rates vom 29. Juni 2000 zur Bekämpfung von Zahlungsverzug im Geschäftsverkehr (ABl. EG Nr. L 200 S. 35).

Bürgerliches Gesetzbuch (BGB)

Auszug

...

§123
Anfechtbarkeit wegen Täuschung oder Drohung

(1) Wer zur Abgabe einer Willenserklärung durch arglistige Täuschung oder widerrechtlich durch Drohung bestimmt worden ist, kann die Erklärung anfechten.

(2) ¹Hat ein Dritter die Täuschung verübt, so ist eine Erklärung, die einem anderen gegenüber abzugeben war, nur dann anfechtbar, wenn dieser die Täuschung kannte oder kennen musste. ²Soweit ein anderer als derjenige, welchem gegenüber die Erklärung abzugeben war, aus der Erklärung unmittelbar ein Recht erworben hat, ist die Erklärung ihm gegenüber anfechtbar, wenn er die Täuschung kannte oder kennen musste.

...

§134
Gesetzliches Verbot

Ein Rechtsgeschäft, das gegen ein gesetzliches Verbot verstößt, ist nichtig, wenn sich nicht aus dem Gesetz ein anderes ergibt.

...

§138
Sittenwidriges Rechtsgeschäft; Wucher

(1) Ein Rechtsgeschäft, das gegen die guten Sitten verstößt, ist nichtig.

(2) Nichtig ist insbesondere ein Rechtsgeschäft, durch das jemand unter Ausbeutung der Zwangslage, der Unerfahrenheit, des Mangels an Urteilsvermögen oder der erheblichen Willensschwäche eines anderen sich oder einem Dritten für eine Leistung Vermögensvorteile versprechen oder gewähren lässt, die in einem auffälligen Missverhältnis zu der Leistung stehen.

...

§288[200]
Verzugszinsen

(1) [1]Eine Geldschuld ist während des Verzugs zu verzinsen. [2]Der Verzugszinssatz beträgt für das Jahr fünf Prozentpunkte über dem Basiszinssatz.

(2) Bei Rechtsgeschäften, an denen ein Verbraucher nicht beteiligt ist, beträgt der Zinssatz für Entgeltforderungen acht Prozentpunkte über dem Basiszinssatz.

(3) Der Gläubiger kann aus einem anderen Rechtsgrund höhere Zinsen verlangen.

(4) Die Geltendmachung eines weiteren Schadens ist nicht ausgeschlossen.

...

§340
Strafversprechen für Nichterfüllung

(1) [1]Hat der Schuldner die Strafe für den Fall versprochen, dass er seine Verbindlichkeit nicht erfüllt, so kann der Gläubiger die verwirkte Strafe statt der Erfüllung verlangen. [2]Erklärt der Gläubiger dem Schuldner, dass er die Strafe verlange, so ist der Anspruch auf Erfüllung ausgeschlossen.

...

§343
Herabsetzung der Strafe

(1) [1]Ist eine verwirkte Strafe unverhältnismäßig hoch, so kann sie auf Antrag des Schuldners durch Urteil auf den angemessenen Betrag herabgesetzt werden. [2]Bei der Beurteilung der Angemessenheit ist jedes berechtigte Interesse des Gläubigers, nicht bloß das Vermögensinteresse, in Betracht zu ziehen. [3]Nach der Entrichtung der Strafe ist die Herabsetzung ausgeschlossen.

---

200 Amtlicher Hinweis:
Diese Vorschrift dient zum Teil auch der Umsetzung der Richtlinie 2000/35/EG des Europäischen Parlaments und des Rates vom 29. Juni 2000 zur Bekämpfung von Zahlungsverzug im Geschäftsverkehr (ABl. EG Nr. L 200 S. 35).

(2) Das Gleiche gilt auch außer in den Fällen der §§ 339, 342, wenn jemand eine Strafe für den Fall verspricht, dass er eine Handlung vornimmt oder unterlässt.

...

§ 398
Abtretung

¹Eine Forderung kann von dem Gläubiger durch Vertrag mit einem anderen auf diesen übertragen werden (Abtretung). ²Mit dem Abschluss des Vertrags tritt der neue Gläubiger an die Stelle des bisherigen Gläubigers.

...

§ 413
Übertragung anderer Rechte

Die Vorschriften über die Übertragung von Forderungen finden auf die Übertragung anderer Rechte entsprechende Anwendung, soweit nicht das Gesetz ein anderes vorschreibt.

...

§ 434
Sachmangel

(1) ¹Die Sache ist frei von Sachmängeln, wenn sie bei Gefahrübergang die vereinbarte Beschaffenheit hat. ²Soweit die Beschaffenheit nicht vereinbart ist, ist die Sache frei von Sachmängeln,

1. wenn sie sich für die nach dem Vertrag vorausgesetzte Verwendung eignet, sonst
2. wenn sie sich für die gewöhnliche Verwendung eignet und eine Beschaffenheit aufweist, die bei Sachen der gleichen Art üblich ist und die der Käufer nach der Art der Sache erwarten kann.

³Zu der Beschaffenheit nach Satz 2 Nr. 2 gehören auch Eigenschaften, die der Käufer nach den öffentlichen Äußerungen des Verkäufers, des Herstellers (§ 4 Abs. 1 und 2 des Produkthaftungsgesetzes) oder seines Gehilfen insbesondere in der Werbung oder bei der Kennzeichnung über bestimmte Eigenschaften der Sache erwarten

kann, es sei denn, dass der Verkäufer die Äußerung nicht kannte und auch nicht kennen musste, dass sie im Zeitpunkt des Vertragsschlusses in gleichwertiger Weise berichtigt war oder dass sie die Kaufentscheidung nicht beeinflussen konnte.

(2) ¹Ein Sachmangel ist auch dann gegeben, wenn die vereinbarte Montage durch den Verkäufer oder dessen Erfüllungsgehilfen unsachgemäß durchgeführt worden ist. ²Ein Sachmangel liegt bei einer zur Montage bestimmten Sache ferner vor, wenn die Montageanleitung mangelhaft ist, es sei denn, die Sache ist fehlerfrei montiert worden.

(3) Einem Sachmangel steht es gleich, wenn der Verkäufer eine andere Sache oder eine zu geringe Menge liefert.

§435
Rechtsmangel

¹Die Sache ist frei von Rechtsmängeln, wenn Dritte in Bezug auf die Sache keine oder nur die im Kaufvertrag übernommenen Rechte gegen den Käufer geltend machen können. ²Einem Rechtsmangel steht es gleich, wenn im Grundbuch ein Recht eingetragen ist, das nicht besteht.

...

§437
Rechte des Käufers bei Mängeln

Ist die Sache mangelhaft, kann der Käufer, wenn die Voraussetzungen der folgenden Vorschriften vorliegen und soweit nicht ein anderes bestimmt ist,

1. nach §439 Nacherfüllung verlangen,
2. nach den §§440, 323 und 326 Abs. 5 von dem Vertrag zurücktreten oder §441 den Kaufpreis mindern und
3. nach den §§ 440, 280, 281, 283 und 311 a Schadensersatz oder nach §284 Ersatz vergeblicher Aufwendungen verlangen.

§438
Verjährung der Mängelansprüche

(1) Die in §437 Nr. 1 und 3 bezeichneten Ansprüche verjähren

1. in 30 Jahren, wenn der Mangel
   a) in einem dinglichen Recht eines Dritten, auf Grund dessen Herausgabe der Kaufsache verlangt werden kann, oder
   b) in einem sonstigen Recht, das im Grundbuch eingetragen ist, besteht,
2. in fünf Jahren
   a) bei einem Bauwerk und
   b) bei einer Sache, die entsprechend ihrer üblichen Verwendungsweise für ein Bauwerk verwendet worden ist und dessen Mangelhaftigkeit verursacht hat, und
3. im Übrigen in zwei Jahren.

(2) Die Verjährung beginnt bei Grundstücken mit der Übergabe, im Übrigen mit der Ablieferung der Sache.

(3) [1]Abweichend von Absatz 1 Nr. 2 und 3 und Absatz 2 verjähren die Ansprüche in der regelmäßigen Verjährungsfrist, wenn der Verkäufer den Mangel arglistig verschwiegen hat. [2]Im Falle des Absatzes 1 Nr. 2 tritt die Verjährung jedoch nicht vor Ablauf der dort bestimmten Frist ein.

(4) [1]Für das in §437 bezeichnete Rücktrittsrecht gilt §218. [2]Der Käufer kann trotz einer Unwirksamkeit des Rücktritts nach §218 Abs. 1 die Zahlung des Kaufpreises insoweit verweigern, als er auf Grund des Rücktritts dazu berechtigt sein würde. [3]Macht er von diesem Recht Gebrauch, kann der Verkäufer vom Vertrag zurücktreten.

(5) Auf das in §437 bezeichnete Minderungsrecht finden §218 und Absatz 4 Satz 2 entsprechende Anwendung.

§439
Nacherfüllung

(1) Der Käufer kann als Nacherfüllung nach seiner Wahl die Beseitigung des Mangels oder die Lieferung einer mangelfreien Sache verlangen.

(2) Der Verkäufer hat die zum Zwecke der Nacherfüllung erforderlichen Aufwendungen, insbesondere Transport-, Wege-, Arbeits- und Materialkosten zu tragen.

(3) ¹Der Verkäufer kann die vom Käufer gewählte Art der Nacherfüllung unbeschadet des § 275 Abs. 2 und 3 verweigern, wenn sie nur mit unverhältnismäßigen Kosten möglich ist. ²Dabei sind insbesondere der Wert der Sache in mangelfreiem Zustand, die Bedeutung des Mangels und die Frage zu berücksichtigen, ob auf die andere Art der Nachfüllung ohne erhebliche Nachteile für den Käufer zurückgegriffen werden könnte. ³Der Anspruch des Käufers beschränkt sich in diesem Fall auf die andere Art der Nacherfüllung; das Recht des Verkäufers, auch diese unter den Voraussetzungen des Satzes 1 zu verweigern, bleibt unberührt.

(4) Liefert der Verkäufer zum Zwecke der Nacherfüllung eine mangelfreie Sache, so kann er vom Käufer Rückgewähr der mangelhaften Sache nach Maßgabe der §§ 346 bis 348 verlangen.

§ 440
Besondere Bestimmungen für Rücktritt und Schadensersatz

¹Außer in den Fällen des § 281 Abs. 2 und des § 323 Abs. 2 bedarf es der Fristsetzung auch dann nicht, wenn der Verkäufer beide Arten der Nacherfüllung gemäß § 439 Abs. 3 verweigert oder wenn die dem Käufer zustehende Art der Nacherfüllung fehlgeschlagen oder ihm unzumutbar ist. ²Eine Nachbesserung gilt nach dem erfolglosen zweiten Versuch als fehlgeschlagen, wenn sich nicht insbesondere aus der Art der Sache oder des Mangels oder den sonstigen Umständen etwas anderes ergibt.

§ 441
Minderung

(1) ¹Statt zurückzutreten, kann der Käufer den Kaufpreis durch Erklärung gegenüber dem Verkäufer mindern. ²Der Ausschlussgrund des § 323 Abs. 5 Satz 2 findet keine Anwendung.

(2) Sind auf der Seite des Käufers oder auf der Seite des Verkäufers mehrere beteiligt, so kann die Minderung nur von allen oder gegen alle erklärt werden.

(3) ¹Bei der Minderung ist der Kaufpreis in dem Verhältnis herabzusetzen, in welchem zur Zeit des Vertragsschlusses der Wert der Sache in mangelfreiem Zustand zu dem wirklichen Wert gestanden haben würde. ²Die Minderung ist, soweit erforderlich, durch Schätzung zu ermitteln.

(4) ¹Hat der Käufer mehr als den geminderten Kaufpreis gezahlt, so ist der Mehrbetrag vom Verkäufer zu erstatten. ²§ 346 Abs. 1 und § 347 Abs. 1 finden entsprechende Anwendung.

. . .

§ 444
Haftungsausschluss

Auf eine Vereinbarung, durch welche die Rechte des Käufers wegen eines Mangels ausgeschlossen oder beschränkt werden, kann sich der Verkäufer nicht berufen, soweit er den Mangel arglistig verschwiegen oder eine Garantie für die Beschaffenheit der Sache übernommen hat.

. . .

§ 453
Rechtskauf

(1) Die Vorschriften über den Kauf von Sachen finden auf den Kauf von Rechten und sonstigen Gegenständen entsprechende Anwendung.

(2) Der Verkäufer trägt die Kosten der Begründung und Übertragung des Rechts.

(3) Ist ein Recht verkauft, das zum Besitz einer Sache berechtigt, so ist der Verkäufer verpflichtet, dem Käufer die Sache frei von Sach- und Rechtsmängeln zu übergeben.

. . .

§ 613 a
Rechte und Pflichten bei Betriebsübergang

(1) ¹Geht ein Betrieb oder Betriebsteil durch Rechtsgeschäft auf einen anderen Inhaber über, so tritt dieser in die Rechte und Pflichten aus den im Zeitpunkt des Übergangs bestehenden Arbeitsver-

hältnissen ein. ²Sind diese Rechte und Pflichten durch Rechtsnormen eines Tarifvertrags oder durch eine Betriebsvereinbarung geregelt, so werden sie Inhalt des Arbeitsverhältnisses zwischen dem neuen Inhaber und dem Arbeitnehmer und dürfen nicht vor Ablauf eines Jahres nach dem Zeitpunkt des Übergangs zum Nachteil des Arbeitnehmers geändert werden. Satz 2 gilt nicht, wenn die Rechte und Pflichten bei dem neuen Inhaber durch Rechtsnormen eines anderen Tarifvertrags oder durch eine andere Betriebsvereinbarung geregelt werden. ³Vor Ablauf der Frist nach Satz 2 können die Rechte und Pflichten geändert werden, wenn der Tarifvertrag oder die Betriebsvereinbarung nicht mehr gilt oder bei fehlender beiderseitiger Tarifgebundenheit im Geltungsbereich eines anderen Tarifvertrags dessen Anwendung zwischen dem neuen Inhaber und dem Arbeitnehmer vereinbart wird.

(2) ¹Der bisherige Arbeitgeber haftet neben dem neuen Inhaber für Verpflichtungen nach Absatz 1, soweit sie vor dem Zeitpunkt des Übergangs entstanden sind und vor Ablauf von einem Jahr nach diesem Zeitpunkt fällig werden, als Gesamtschuldner. ²Werden solche Verpflichtungen nach dem Zeitpunkt des Übergangs fällig, so haftet der bisherige Arbeitgeber für sie jedoch nur in dem Umfang, der dem im Zeitpunkt des Übergangs abgelaufenen Teil ihres Bemessungszeitraums entspricht.

(3) Absatz 2 gilt nicht, wenn eine juristische Person oder eine Personenhandelsgesellschaft durch Umwandlung erlischt.

(4) ¹Die Kündigung des Arbeitsverhältnisses eines Arbeitnehmers durch den bisherigen Arbeitgeber oder durch den neuen Inhaber wegen des Übergangs eines Betriebs oder eines Betriebsteils ist unwirksam. ²Das Recht zur Kündigung des Arbeitsverhältnisses aus anderen Gründen bleibt unberührt.

(5) Der bisherige Arbeitgeber oder der neue Inhaber hat die von einem Übergang betroffenen Arbeitnehmer vor dem Übergang in Textform zu unterrichten über:

1. den Zeitpunkt oder den geplanten Zeitpunkt des Übergangs,

2. den Grund für den Übergang,

3. die rechtlichen, wirtschaftlichen und sozialen Folgen des Übergangs für die Arbeitnehmer und

4. die hinsichtlich der Arbeitnehmer in Aussicht genommenen Maßnahmen.

(6) ¹Der Arbeitnehmer kann dem Übergang des Arbeitsverhältnisses innerhalb eines Monats nach Zugang der Unterrichtung nach Absatz 5 schriftlich widersprechen. ²Der Widerspruch kann gegenüber dem bisherigen Arbeitgeber oder dem neuen Inhaber erklärt werden.

. . .

§736
Ausscheiden eines Gesellschafters, Nachhaftung

. . .

(2) Die für Personenhandelsgesellschaften geltenden Regelungen über die Begrenzung der Nachhaftung gelten sinngemäß.

. . .

§812
Herausgabeanspruch

(1) ¹Wer durch die Leistung eines anderen oder in sonstiger Weise auf dessen Kosten etwas ohne rechtlichen Grund erlangt, ist ihm zur Herausgabe verpflichtet. ²Diese Verpflichtung besteht auch dann, wenn der rechtliche Grund später wegfällt oder der mit einer Leistung nach dem Inhalt des Rechtsgeschäfts bezweckte Erfolg nicht eintritt.

(2) Als Leistung gilt auch die durch Vertrag erfolgte Anerkennung des Bestehens oder des Nichtbestehens eines Schuldverhältnisses.

. . .

§1365
Verfügung über Vermögen im Ganzen

(1) ¹Ein Ehegatte kann sich nur mit Einwilligung des anderen Ehegatten verpflichten, über sein Vermögen im Ganzen zu verfügen. ²Hat er sich ohne Zustimmung des anderen Ehegatten verpflichtet, so kann er die Verpflichtung nur erfüllen, wenn der andere Ehegatte einwilligt.

(2) Entspricht das Rechtsgeschäft den Grundsätzen einer ordnungsmäßigen Verwaltung, so kann das Vormundschaftsgericht auf Antrag des Ehegatten die Zustimmung des anderen Ehegatten ersetzen, wenn dieser sie ohne ausreichenden Grund verweigert oder durch Krankheit oder Abwesenheit an der Abgabe einer Erklärung verhindert und mit dem Aufschub Gefahr verbunden ist.

...

Kündigungsschutzgesetz (KSchG)

i. d. F. der Bek. vom 25. 8. 1969 (BGBl. I S. 1317),
zuletzt geändert durch Art. 6 G vom 19. 11. 2004 (BGBl. I S. 2902)

Auszug

...

§ 23
Geltungsbereich

(1) ¹Die Vorschriften des Ersten und Zweiten Abschnitts gelten für Betriebe und Verwaltungen des privaten und des öffentlichen Rechts, vorbehaltlich der Vorschriften des § 24 für die Seeschifffahrts-, Binnenschifffahrts- und Luftverkehrsbetriebe. ²Die Vorschriften des Ersten Abschnitts gelten mit Ausnahme der §§ 4 bis 7 und des § 13 Abs. 1 Satz 1 und 2 nicht für Betriebe und Verwaltungen, in denen in der Regel fünf oder weniger Arbeitnehmer ausschließlich der zu ihrer Berufsbildung Beschäftigten beschäftigt werden. ³In Betrieben und Verwaltungen, in denen in der Regel zehn oder weniger Arbeitnehmer ausschließlich der zu ihrer Berufsbildung Beschäftigten beschäftigt werden, gelten die Vorschriften des Ersten Abschnitts mit Ausnahme der §§ 4 bis 7 und des § 13 Abs. 1 Satz 1 und 2 nicht für Arbeitnehmer, deren Arbeitsverhältnis nach dem 31. Dezember 2003 begonnen hat; diese Arbeitnehmer sind bei der Feststellung der Zahl der beschäftigten Arbeitnehmer nach Satz 2 bis zur Beschäftigung von in der Regel zehn Arbeitnehmern nicht zu berücksichtigen. ⁴Bei der Feststellung der Zahl der beschäftigten Arbeitnehmer nach den Sätzen 2 und 3 sind teilzeitbeschäftigte Arbeitnehmer mit einer regelmäßigen wöchentlichen Arbeitszeit von nicht mehr als 20 Stunden mit 0,5 und nicht mehr als 30 Stunden mit 0,75 zu berücksichtigen.

...

Handelsgesetzbuch (HGB)
vom 10.5.1897 (RGBl. I S. 219),
zuletzt geändert durch Art. 1 G vom 3.8.2005 (BGBl. I S. 2267)
Auszug

...

§ 130

(1) Wer in eine bestehende Gesellschaft eintritt, haftet gleich den anderen Gesellschaftern nach Maßgabe der §§ 128 und 129 für die vor seinem Eintritte begründeten Verbindlichkeiten der Gesellschaft, ohne Unterschied, ob die Firma eine Änderung erleidet oder nicht.

(2) Eine entgegenstehende Vereinbarung ist Dritten gegenüber unwirksam.

...

§ 160

(1) [1]Scheidet ein Gesellschafter aus der Gesellschaft aus, so haftet er für ihre bis dahin begründeten Verbindlichkeiten, wenn sie vor Ablauf von fünf Jahren nach dem Ausscheiden fällig und daraus Ansprüche gegen ihn gerichtlich geltend gemacht sind; bei öffentlich-rechtlichen Verbindlichkeiten genügt zur Geltendmachung der Erlass eines Verwaltungsakts. [2]Die Frist beginnt mit dem Ende des Tages, an dem das Ausscheiden in das Handelsregister des für den Sitz der Gesellschaft zuständigen Gerichts eingetragen wird. [3]Die für die Verjährung geltenden §§ 203, 206, 207, 210, 212 bis 216 und 220 des Bürgerlichen Gesetzbuches sind entsprechend anzuwenden.

...

Gesetz über Partnerschaftsgesellschaften Angehöriger Freier Berufe (Partnerschaftsgesellschaftsgesetz – PartGG)[201]

vom 25.7.1994 (BGBl. I S. 1744),
zuletzt geändert durch Art. 4 G vom 10.12.2001 (BGBl. I S. 3422)

Auszug

...

§ 8
Haftung für Verbindlichkeiten der Partnerschaft

(1) Für Verbindlichkeiten der Partnerschaft haften den Gläubigern neben dem Vermögen der Partnerschaft die Partner als Gesamtschuldner. Die §§ 129 und 130 des Handelsgesetzbuchs sind entsprechend anzuwenden.

(2) Waren nur einzelne Partner mit der Bearbeitung eines Auftrags befasst, so haften nur sie gemäß Absatz 1 für berufliche Fehler neben der Partnerschaft; ausgenommen sind Bearbeitungsbeiträge von untergeordneter Bedeutung.

(3) Durch Gesetz kann für einzelne Berufe eine Beschränkung der Haftung für Ansprüche aus Schäden wegen fehlerhafter Berufsausübung auf einen bestimmten Höchstbetrag zugelassen werden, wenn zugleich eine Pflicht zum Abschluss einer Berufshaftpflichtversicherung der Partner oder der Partnerschaft begründet wird.

...

---

[201] Das Gesetz ist Art. 1 des Gesetzes zur Schaffung von Partnerschaftsgesellschaften und zur Änderung anderer Gesetze.

Einkommensteuergesetz (EStG)

i. d. F. der Bek. vom 19.10.2002 (BGBl. I S. 4210, ber. 2003 S. 179), zuletzt geändert durch Art. 4 Abs. 27 G vom 22.9.2005 (BGBl. I S. 2809)

Auszug

...

§4
Gewinnbegriff im Allgemeinen

...

(3) ¹Steuerpflichtige, die nicht auf Grund gesetzlicher Vorschriften verpflichtet sind, Bücher zu führen und regelmäßig Abschlüsse zu machen, und die auch keine Bücher führen und keine Abschlüsse machen, können als Gewinn den Überschuss der Betriebseinnahmen über die Betriebsausgaben ansetzen. ²Hierbei scheiden Betriebseinnahmen und Betriebsausgaben aus, die im Namen und für Rechnung eines anderen vereinnahmt und verausgabt werden (durchlaufende Posten). ³Die Vorschriften über die Absetzung für Abnutzung oder Substanzverringerung sind zu befolgen. ⁴Die Anschaffungs- oder Herstellungskosten für nicht abnutzbare Wirtschaftsgüter des Anlagevermögens sind erst im Zeitpunkt der Veräußerung oder Entnahme dieser Wirtschaftsgüter als Betriebsausgaben zu berücksichtigen. ⁵Die nicht abnutzbaren Wirtschaftsgüter des Anlagevermögens sind unter Angabe des Tages der Anschaffung oder Herstellung und der Anschaffungs- oder Herstellungskosten oder des an deren Stelle getretenen Werts in besondere, laufend zu führende Verzeichnisse aufzunehmen.

...

§16
Veräußerung des Betriebs

...

3. des gesamten Anteils eines persönlich haftenden Gesellschafters einer Kommanditgesellschaft auf Aktien (§15 Abs. 1 Satz 1 Nr. 3).

...

§34
Außerordentliche Einkünfte

...

(3) ¹Sind in dem zu versteuernden Einkommen außerordentliche Einkünfte im Sinne des Absatzes 2 Nr. 1 enthalten, so kann auf Antrag abweichend von Absatz 1 die auf den Teil dieser außerordentlichen Einkünfte, der den Betrag von insgesamt 5 Millionen Euro nicht übersteigt, entfallende Einkommensteuer nach einem ermäßigten Steuersatz bemessen werden, wenn der Steuerpflichtige das 55. Lebensjahr vollendet hat oder wenn er im sozialversicherungsrechtlichen Sinne dauernd berufsunfähig ist. ²Der ermäßigte Steuersatz beträgt 56 vom Hundert des durchschnittlichen Steuersatzes, der sich ergäbe, wenn die tarifliche Einkommensteuer nach dem gesamten zu versteuernden Einkommen zuzüglich der dem Progressionsvorbehalt unterliegenden Einkünfte zu bemessen wäre, mindestens jedoch 15 vom Hundert. ³Auf das um die in Satz 1 genannten Einkünfte verminderte zu versteuernde Einkommen (verbleibendes zu versteuerndes Einkommen) sind vorbehaltlich des Absatzes 1 die allgemeinen Tarifvorschriften anzuwenden. ⁴Die Ermäßigung nach den Sätzen 1 bis 3 kann der Steuerpflichtige nur einmal im Leben in Anspruch nehmen. ⁵Erzielt der Steuerpflichtige in einem Veranlagungszeitraum mehr als einen Veräußerungs- oder Aufgabegewinn im Sinne des Satzes 1, kann er die Ermäßigung nach den Sätzen 1 bis 3 nur für einen Veräußerungs- oder Aufgabegewinn beantragen. ⁶Absatz 1 Satz 4 ist entsprechend anzuwenden.

...

§52²⁰²
Anwendungsvorschriften

...

(34) ¹§16 Abs. 1 in der Fassung des Artikels 1 des Gesetzes vom 20. Dezember 2001 (BGBl. I S. 3858) ist erstmals auf Veräußerungen anzuwenden, die nach dem 31. Dezember 2001 erfolgen. ²§16 Abs. 2

---

202 Gemäß Art. 4 Abs. 27 G vom 22.9.2005 (BGBl. I S. 2809) werden in §52 Abs. 38a mit Wirkung zum 1.1.2006 die Wörter „Bundesamt für Finanzen" durch die Wörter „Bundeszentralamt für Steuern" ersetzt.

Satz 3 und Abs. 3 Satz 2 in der Fassung der Bekanntmachung vom 16. April 1997 (BGBl. I S. 821) ist erstmals auf Veräußerungen anzuwenden, die nach dem 31. Dezember 1993 erfolgen. [3]§ 16 Abs. 3 Satz 1 und 2 in der Fassung des Gesetzes vom 24. März 1999 (BGBl. I S. 402) ist erstmals auf Veräußerungen und Realteilungen anzuwenden, die nach dem 31. Dezember 1998 erfolgen. [4]§ 16 Abs. 3 Satz 2 bis 4 in der Fassung des Gesetzes vom 20. Dezember 2001 (BGBl. I S. 3858) ist erstmals auf Realteilungen nach dem 31. Dezember 2000 anzuwenden. [5]§ 16 Abs. 4 in der Fassung der Bekanntmachung vom 16. April 1997 (BGBl. I S. 821) ist erstmals auf Veräußerungen anzuwenden, die nach dem 31. Dezember 1995 erfolgen; hat der Steuerpflichtige bereits für Veräußerungen vor dem 1. Januar 1996 Veräußerungsfreibeträge in Anspruch genommen, bleiben diese unberücksichtigt. [6]§ 16 Abs. 4 in der Fassung des Gesetzes vom 23. Oktober 2000 (BGBl. I S. 1433) ist erstmals auf Veräußerungen und Realteilungen anzuwenden, die nach dem 31. Dezember 2000 erfolgen.

...

(47) [1]§ 34 Abs. 1 Satz 1 in der Fassung des Gesetzes vom 23. Oktober 2000 (BGBl. I S. 1433) ist erstmals für den Veranlagungszeitraum 1999 anzuwenden. [2]Auf § 34 Abs. 2 Nr. 1 in der Fassung des Gesetzes vom 23. Oktober 2000 (BGBl. I S. 1433) ist Absatz 4a in der Fassung des Gesetzes vom 23. Oktober 2000 (BGBl. I S. 1433) entsprechend anzuwenden. [3]Satz 2 gilt nicht für die Anwendung des § 34 Abs. 3 in der Fassung des Gesetzes vom 19. Dezember 2000 (BGBl. I S. 1812). [4]In den Fällen, in denen nach dem 31. Dezember eines Jahres mit zulässiger steuerlicher Rückwirkung eine Vermögensübertragung nach dem Umwandlungssteuergesetz erfolgt oder ein Veräußerungsgewinn im Sinne des § 34 Abs. 2 Nr. 1 in der Fassung des Gesetzes vom 23. Oktober 2000 (BGBl. I S. 1433) erzielt wird, gelten die außerordentlichen Einkünfte als nach dem 31. Dezember dieses Jahres erzielt. [5]§ 34 Abs. 3 Satz 1 in der Fassung des Gesetzes vom 19. Dezember 2000 (BGBl. I S. 1812) ist ab dem Veranlagungszeitraum 2002 mit der Maßgabe anzuwenden, dass an die Stelle der Angabe „10 Millionen Deutsche Mark" die Angabe „5 Millionen Euro" tritt. [6]§ 34 Abs. 3 Satz 2 in der Fassung des Artikels 9 des Gesetzes vom 29. Dezember 2003 (BGBl. I S. 3076) ist erstmals für den Veranlagungszeitraum 2004 und ab dem Veranlagungszeitraum 2005 mit der Maßgabe anzuwenden, dass an die Stelle der

Angabe „16 vom Hundert" die Angabe „15 vom Hundert" tritt. [7]Für die Anwendung des § 34 Abs. 3 Satz 4 in der Fassung des Gesetzes vom 19. Dezember 2000 (BGBl. I S. 1812) ist die Inanspruchnahme einer Steuerermäßigung nach § 34 in Veranlagungszeiträumen vor dem 1. Januar 2001 unbeachtlich.

...

Allgemeine Verwaltungsvorschrift zur Anwendung des Einkommensteuerrechts (Einkommensteuer-Richtlinien 2003 – EStR 2003)

vom 15.12.2003 (BStBl. I Sondernummer 2, S.3)

Nach Artikel 108 Abs. 7 des Grundgesetzes wird folgende allgemeine Verwaltungsvorschrift erlassen:

Auszug

...

R 139.
Veräußerung des gewerblichen Betriebs

(13) ¹Über die Gewährung des Freibetrags wird bei der Veranlagung zur Einkommensteuer entschieden. ²Dies gilt auch im Falle der Veräußerung eines Mitunternehmeranteiles; in diesem Fall ist im Verfahren zur gesonderten und einheitlichen Gewinnfeststellung nur die Höhe des auf den Gesellschafter entfallenden Veräußerungsgewinns festzustellen. ³Veräußert eine Personengesellschaft, bei der die Gesellschafter als Mitunternehmer anzusehen sind, ihren ganzen Gewerbebetrieb, steht den einzelnen Mitunternehmern für ihren Anteil am Veräußerungsgewinn nach Maßgabe ihrer persönlichen Verhältnisse der Freibetrag in voller Höhe zu. ⁴Der Freibetrag ist dem Stpfl. nur einmal zu gewähren; nicht verbrauchte Teile des Freibetrags können nicht bei einer anderen Veräußerung in Anspruch genommen werden. ⁵Die Gewährung des Freibetrags nach § 16 Abs. 4 EStG ist ausgeschlossen, wenn dem Stpfl. für eine Veräußerung oder Aufgabe, die nach dem 31.12.1995 erfolgt ist, ein Freibetrag nach § 14 Satz 2, § 16 Abs. 4 oder § 18 Abs. 3 EStG bereits gewährt worden ist. ⁶Wird der zum Betriebsvermögen eines Einzelunternehmers gehörende Mitunternehmeranteil im Zusammenhang mit der Veräußerung des Einzelunternehmens veräußert, ist die Anwendbarkeit des § 16 Abs. 4 EStG für beide Vorgänge getrennt zu prüfen. ⁷Liegen hinsichtlich beider Vorgänge die Voraussetzungen des § 16 Abs. 4 EStG vor, kann der Stpfl. den Abzug des Freibetrags entweder bei der Veräußerung des Einzelunternehmens oder bei der Veräußerung des Mitunternehmeran-

teiles beantragen. ⁸In den Fällen des § 16 Abs. 2 Satz 3 und Abs. 3 Satz 5 EStG ist für den Teil des Veräußerungsgewinns, der nicht als laufender Gewinn gilt, der volle Freibetrag zu gewähren; der Veräußerungsgewinn, der als laufender Gewinn gilt, ist bei der Kürzung des Freibetrags nach § 16 Abs. 4 Satz 3 EStG nicht zu berücksichtigen. ⁹Umfasst der Veräußerungsgewinn auch einen Gewinn aus der Veräußerung von Anteilen an Körperschaften, Personenvereinigungen oder Vermögensmassen, ist für die Berechnung des Freibetrags der nach § 3 Nr. 40 Satz 1 Buchstabe b in Verbindung mit § 3c Abs. 2 EStG steuerfrei bleibende Teil nicht zu berücksichtigen.

. . .

Abgabenordnung (AO 1977)

i. d. F. der Bek. vom 1.10.2002 (BGBl. I S. 3866, ber. 2003 S. 61), zuletzt geändert durch Art. 4 Abs. 22 G vom 22.9.2005 (BGBl. I S. 2809)

Auszug

...

§ 42
Missbrauch von rechtlichen Gestaltungsmöglichkeiten

(1) [1]Durch Missbrauch von Gestaltungsmöglichkeiten des Rechts kann das Steuergesetz nicht umgangen werden. [2]Liegt ein Missbrauch vor, so entsteht der Steueranspruch so, wie er bei einer den wirtschaftlichen Vorgängen angemessenen rechtlichen Gestaltung entsteht.

(2) Absatz 1 ist anwendbar, wenn seine Anwendbarkeit gesetzlich nicht ausdrücklich ausgeschlossen ist.

...

Sozialgerichtsgesetz (SGG)

i. d. F. der Bek. vom 23. 9. 1975 (BGBl. I S. 2535), zuletzt geändert durch Art. 2 Abs. 4 G vom 12. 8. 2005 (BGBl. I S. 2354)

Auszug

...

§ 86 a

(1) ¹Widerspruch und Anfechtungsklage haben aufschiebende Wirkung. ²Das gilt auch bei rechtsgestaltenden und feststellenden Verwaltungsakten sowie bei Verwaltungsakten mit Drittwirkung.

...

Strafgesetzbuch (StGB)

i. d. F. der Bek. vom 13.11.1998 (BGBl. I S. 3322),
zuletzt geändert durch G vom 1.9.2005 (BGBl. I S. 2674)

Auszug

...

§201
Verletzung der Vertraulichkeit des Wortes

(1) Mit Freiheitsstrafe bis zu drei Jahren oder mit Geldstrafe wird bestraft, wer unbefugt

1. das nichtöffentlich gesprochene Wort eines anderen auf einen Tonträger aufnimmt oder
2. eine so hergestellte Aufnahme gebraucht oder einem Dritten zugänglich macht.

...

Grundgesetz für die Bundesrepublik Deutschland
vom 23.5.1949 (BGBl. I S.1),
zuletzt geändert durch G vom 26.7.2002 (BGBl. I S.2863)

Auszug

...

Art. 3

(1) Alle Menschen sind vor dem Gesetz gleich.

(2) ^{1}Männer und Frauen sind gleichberechtigt. ^{2}Der Staat fördert die tatsächliche Durchsetzung der Gleichberechtigung von Frauen und Männern und wirkt auf die Beseitigung bestehender Nachteile hin.

(3) ^{1}Niemand darf wegen seines Geschlechtes, seiner Abstammung, seiner Rasse, seiner Sprache, seiner Heimat und Herkunft, seines Glaubens, seiner religiösen oder politischen Anschauungen benachteiligt oder bevorzugt werden. ^{2}Niemand darf wegen seiner Behinderung benachteiligt werden.

...

Art. 12

(1) ^{1}Alle Deutschen haben das Recht, Beruf, Arbeitsplatz und Ausbildungsstätte frei zu wählen. ^{2}Die Berufsausübung kann durch Gesetz oder auf Grund eines Gesetzes geregelt werden.

(2) Niemand darf zu einer bestimmten Arbeit gezwungen werden, außer im Rahmen einer herkömmlichen allgemeinen, für alle gleichen öffentlichen Dienstleistungspflicht.

(3) Zwangsarbeit ist nur bei einer gerichtlich angeordneten Freiheitsentziehung zulässig.

...

Art. 14

(1) ^{1}Das Eigentum und das Erbrecht werden gewährleistet. ^{2}Inhalt und Schranken werden durch die Gesetze bestimmt.

(2) ¹Eigentum verpflichtet. ²Sein Gebrauch soll zugleich dem Wohle der Allgemeinheit dienen.

(3) ¹Eine Enteignung ist nur zum Wohle der Allgemeinheit zulässig. ²Sie darf nur durch Gesetz oder auf Grund eines Gesetzes erfolgen, das Art und Ausmaß der Entschädigung regelt. ³Die Entschädigung ist unter gerechter Abwägung der Interessen der Allgemeinheit und der Beteiligten zu bestimmen. ⁴Wegen der Höhe der Entschädigung steht im Streitfalle der Rechtsweg vor den ordentlichen Gerichten offen.

. . .

Abkürzungsverzeichnis

2. GKV-NOG	Zweites Gesetz zur Neuordnung der Gesetzlichen Krankenversicherung
AG	Aktiengesellschaft
BDSG	Bundesdateienschutzgesetz
BFH	Bundesfinanzhof
BGH	Bundesgerichtshof
BPlanRL-Ä	Bedarfsplanungsrichtlinien- Ärzte
BSG	Bundessozialgericht
BVerfG	Bundesverfassungsgericht
BWA	Betriebswirtschaftliche Auswertung
EBM 2000 plus	Einheitlicher Bewertungsmaßstab
GbR	Gesellschaft bürgerlichen Rechts
GKV	Gesetzliche Krankenversicherung
GKV-GRG 2000	GKV-Gesundheitsreformgesetz
GKV-SolG 1999	GKV-Solidaritätsstärkungsgesetz
GmbH	Gesellschaft mit beschränkter Haftung
GMG 2004	GKV-Modernisierungsgesetz
GRG 1989	Gesundheitsreformgesetz
GSG 1993	Gesundheitsstrukturgesetz
KG	Kommanditgesellschaft
MVZ	Medizinisches Versorgungszentrum

Abkürzungsverzeichnis

OHG	Offene Handelsgesellschaft
PartnerschaftsG	Partnerschaftsgesellschaftsgesetz
UEC-Methode	Methode der Übergewinnverrentung oder -abgeltung
UntStFG	Unternehmenssteuerförderungsgesetz

Literaturverzeichnis

Dahm/Möller/Ratzel:
Rechtshandbuch Medizinische Versorgungszentren, Springer-Verlag, 1. Auflage 2005

Ehlers (Herausgeber)/Preißler/Hesral/Möller/Künzel/Gasser:
Fortführung von Arztpraxen, Verlag C.H. Beck, 2. Auflage 2001

Gatzen:
Bewertung von Arztpraxen, Verlag Josef Eul, 1992

Isringhaus/Kroel/Wendland:
Medizinisches Versorgungszentrum – Beratungshandbuch, Verlag Praxismanagement Wirtschaftsberatungsgesellschaft mbH, Verlag Praxis-Managementberatungsgesellschaft, 1. Auflage 2004

Kassler Kommentar zum Sozialversicherungsrecht, Loseblattkommentar, Verlag C.H. Beck, 2005

Klapp:
Abgabe und Übernahme einer Arztpraxis, Springer-Verlag, 2. Auflage 2001

Laufs/Uhlenbruck:
Handbuch des Arztrechts, Verlag C.H. Beck, 3. Auflage 2002

Luxenburger:
Rechtsfragen beim Verkauf und Erwerb einer ärztlichen Praxis, 1989

Münchener Kommentar zum BGB, Verlag C.H. Beck, 3. Auflage 1992 ff.

Literaturverzeichnis

Narr/Hess/Schirmer:
Ärztliches Berufsrecht, Deutscher Ärzte-Verlag, 2. Auflage

Palandt:
Bürgerliches Gesetzbuch, 64. Auflage 2005

Plagemann/Nieggehoff:
Vertragsarztrecht, Fachhochschulverlag, 2. Auflage 2000

Raffelsieper/Gerdts:
Mietvertrag für die Arztpraxis, Frankfurter Musterverträge, Bd. 3, MedizinRecht.de Verlag, 1. Auflage 2003

Rieger (Herausgeber):
Lexikon des Arztrechts, Verlag C.F. Müller, 2. Auflage 2005

Rieger:
Rechtsfragen beim Verkauf und Erwerb einer Arztpraxis, Deutscher Ärzte-Verlag, 5. Auflage 2004

Schallen:
Zulassungsverordnung für Vertragsärzte, Vertragszahnärzte, Medizinische Versorgungszentren, Psychotherapeuten, Asgard-Verlag, 4. Auflage 2004

Wallhäuser:
Verträge in der Integrierten Versorgung, Verlag C.F. Müller/ MedizinRecht.de Verlag, 1. Auflage 2005

Wollny:
Unternehmungs- und Praxisübertragungen, Verlag Neue Wirtschaftsbriefe, 4. Auflage 1996

Zwingel/Preißler:
Das Medizinische Versorgungszentrum, Deutscher Ärzteverlag, 1. Auflage 2005

gungszentren und Integrierte Versorgung, EBM 2005 und Regelleistungsvolumina, Praxisshop, etc.

Adresse:

ULSENHEIMER & FRIEDRICH Rechtsanwälte
Maximilinsplatz 12, 80333 München
Tel. 089/24 20 81-23
Telefax: 089/24 20 81-35
E-Mail: steinbrueck@uls-frie.de
Internet: www.uls-frie.de

Autor

Dr. Ralph Steinbrück

Rechtsanwalt, Fachanwalt für Medizinrecht und Seniorpartner der Kanzlei ULSENHEIMER & FRIEDRICH Rechtsanwälte München

1954 geboren in Mainz, 1975 – 1978 Jurastudium in Mainz und München, 1979 – 1981 Referendariat in München, Promotion 1981 in München, seit 1982 zugelassen als selbstständiger Rechtsanwalt, tätig im Wirtschaftsrecht, seit 1990 bundesweit im Medizinrecht tätig.

Mitglied in der Arbeitsgemeinschaft Medizinrecht im Deutschen Anwaltsverein, in der Deutschen Gesellschaft für Medizinrecht e. V., in der Deutschen Gesellschaft für Kassenarztrecht e. V., in der Gesellschaft für Recht und Politik im Gesundheitswesen e. V. und in Anwälte für Ärzte e. V.

Arbeitsschwerpunkte im Ärztlichen Vertragsrecht, Vertragsrecht, Ärztlichen Berufsrecht, Ärztlichen Vergütungsrecht, Wirtschaftlichkeits-, Richtgrößen- und Plausibilitätsprüfungsrecht, Krankenhausrecht, Apotheken- und Arzneimittelrecht.

Beratung und Vertretung von Ärzten und Zahnärzten, Medizinischen Versorgungszentren, Krankenhäusern, Apothekern und Pharmafirmen, nicht Patienten.

Vorträge, Seminare und Workshops zu aktuellen Themen des Medizinrechts und der Gesundheitspolitik, insbesondere Praxisgründung, Praxisabgabe und -übernahme, Ärztliche Kooperationsformen, Neue Versorgungsstrukturen, z. B. Medizinische Versor-